Convertirse en el CMO de alto rendimiento

Métricas, caminos y estrategias

Escrito por Louie Hawking
Publicado por Cornell-David Publishing House

Índice

I. Introducción al rol de CMO de alto rendimiento

Comprender el papel de un CMO de alto rendimiento

Un papel primordial dentro de cualquier organización, el Director de Marketing, en lo sucesivo denominado CMO, ocupa un lugar en la lista de la alta dirección, de igual estatura que otros altos funcionarios de nivel ejecutivo, como el CEO, el CFO y el COO. Sin embargo, el papel de un CMO supera con creces las tareas típicas de marketing y se convierte en una descripción de trabajo multifacética que tiene sus implicaciones en casi todos los aspectos comerciales. Implica un dominio de diversos ámbitos que van desde el marketing tradicional, la creación de narrativas de marca sólidas, el análisis de datos y la experiencia del consumidor hasta la comprensión del panorama digital y tecnológico. En una organización preparada para el futuro, el CMO es el punto de fusión de tecnología, datos, contenido y creatividad, lo que impulsa el crecimiento y tiene un profundo impacto en los resultados comerciales.

El término "alto rendimiento", que a menudo se utiliza en discusiones sobre estrategia y crecimiento empresarial, no es sólo una palabra de moda sino más bien una calificación que separa claramente la mediocridad de la entrega excepcional. Se refiere a establecer objetivos audaces y ambiciosos, exhibir sólidas habilidades de ejecución, fomentar la innovación, demostrar altos niveles de eficiencia y eficacia y, lo más importante, ofrecer resultados comerciales sólidos de manera consistente. Como tal, un CMO de alto rendimiento no solo es responsable de diseñar campañas publicitarias creativas, sino que también se ocupa de forjar una fuerte conexión entre la propuesta de la empresa y el mercado objetivo, entregando valor tanto a los clientes como a la organización.

Sin embargo, comprender los medios para convertirse en un CMO de alto rendimiento es un rompecabezas complejo que requiere una cuidadosa disección. Implica aprendizaje y adaptación continuos, mantenerse a la vanguardia de las tendencias de marketing y aprovechar los avances tecnológicos. Además, requiere una planificación astuta, previsión estratégica, perspicacia en gestión, impulso incesante para obtener resultados, habilidades de comunicación excepcionales y, el atributo más instrumental, liderazgo.

La medida del éxito de un CMO de alto rendimiento no se limita simplemente a opiniones subjetivas, sino que se basa fundamentalmente en métricas lúcidas y cuantificables. Las tasas de retención de clientes, los niveles de reconocimiento de marca, la participación en las redes sociales, las tasas de conversión, la anualidad de ingresos, el retorno de la inversión en marketing digital, los costos de adquisición de clientes y el valor de por vida son algunas de las muchas métricas de desempeño que los CMO de alto rendimiento rastrean constantemente.

Sin embargo, comprender las métricas es sólo una parte de la ecuación para convertirse en un CMO de alto rendimiento. Igualmente importante es descubrir los caminos para la transición de un CMO tradicional a uno de alto rendimiento y las estrategias para ayudar a mantener y mejorar aún más ese nivel de rendimiento.

Este libro es una exploración de estas métricas, caminos y estrategias que abren el camino para convertirse en un CMO de alto rendimiento. Sirve como guía para los aspirantes a CMO, ayudándolos a recorrer los giros y vueltas de sus carreras profesionales, equipándolos con herramientas prácticas e inspirándolos con estudios de casos de la vida real de CMO exitosos que han demostrado un alto desempeño de manera constante.

El camino para convertirse en un CMO de alto rendimiento es desafiante pero gratificante. Es un viaje que vale la pena emprender para aquellos lo suficientemente valientes como para embarcarse en él, ya que los niveles más altos del éxito organizacional esperan a aquellos que demuestren su valía. Tu viaje comienza aquí.

Caminos para convertirse en un director de marketing (CMO) de alto rendimiento

Desarrollar las habilidades y competencias necesarias para prosperar en un puesto de director de marketing (CMO) es un viaje que implica una combinación de educación formal, experiencia práctica y un compromiso con el aprendizaje y el crecimiento continuos. Algunas de las vías clave que los posibles CMO podrían considerar incluyen:

- **Educación académica** : aunque no existe un camino educativo establecido para convertirse en CMO, muchos profesionales en esta función tienen al menos una licenciatura en marketing, negocios o un campo relacionado. Un título avanzado, como una Maestría en Administración de Empresas (MBA), puede mejorar aún más la comprensión de las estrategias comerciales y la perspicacia financiera.
- **Experiencia** : los CMO de alto rendimiento suelen aportar una colección de experiencias de diversas funciones dentro del marketing. Esto podría incluir puestos como gerente de marketing, director de marketing o vicepresidente de marketing. Vale la pena señalar que la exposición a varias partes del negocio, como ventas, desarrollo de productos y

servicio al cliente, puede ofrecer una valiosa
experiencia multifuncional.

- **Desarrollo profesional** : los CMO deben mantenerse
a la vanguardia de las tendencias y tecnologías de
marketing. Esto podría implicar asistir a conferencias,
participar en seminarios web, leer artículos sobre
liderazgo intelectual u obtener certificaciones
profesionales.
- **Establecimiento de redes** : establecer y mantener
una red profesional sólida puede brindar
oportunidades de tutoría, asociaciones y
conocimientos sobre la evolución de las prácticas de
marketing.

Estrategias clave para el éxito como CMO de alto rendimiento

Una vez en el puesto, tener éxito como CMO de alto
rendimiento normalmente implica hacer hincapié en varias
estrategias clave:

- **Comprender el panorama empresarial** : es
fundamental tener una profunda comprensión del
panorama de la industria, las tendencias del
mercado, el comportamiento del cliente y la dinámica
competitiva. Permite al CMO identificar oportunidades
y amenazas y adaptar las estrategias en
consecuencia.
- **Impulsar el enfoque en el cliente** : el CMO tiene un
papel central para garantizar que la empresa
mantenga un fuerte enfoque en el cliente. Esto puede
implicar defender iniciativas de conocimiento del
cliente, impulsar estrategias centradas en el cliente y
fomentar una cultura de atención al cliente.

- **Aprovechamiento de los datos** : en la era digital, los CMO deben ser expertos en aprovechar los datos para obtener conocimientos, tomar decisiones informadas y medir el rendimiento. Esto implica comprender las herramientas de análisis de datos, interpretar datos y aplicar conocimientos para perfeccionar las iniciativas de marketing.
- **Creación de equipos sólidos** : los CMO de alto rendimiento también son líderes impactantes. Invierten en el desarrollo de sus equipos, los inspiran a rendir al máximo y fomentan un entorno colaborativo e innovador.
- **Influencia y persuasión** : los CMO deben poder articular su visión y persuadir a otros para que la acepten. Esto requiere sólidas habilidades de comunicación, construcción de relaciones y la capacidad de demostrar el valor comercial de las iniciativas de marketing.

Métricas que definen a los CMO de alto rendimiento

Evaluar el desempeño de un CMO implica revisar una serie de métricas. Las medidas clave incluyen:

- **Métricas financieras** : incluyen medidas como el retorno de la inversión en marketing (ROMI), el valor de vida del cliente (CLV) y la participación de mercado. Los CMO son cada vez más responsables de contribuir al crecimiento de los ingresos y la rentabilidad, y estas métricas son indicativas de su impacto en los resultados.
- **Métricas del cliente** : podrían implicar medidas como el costo de adquisición de clientes (CAC), la tasa de

abandono, las puntuaciones de satisfacción del cliente (CSAT) y la puntuación neta del promotor (NPS). Estas métricas ofrecen información sobre la eficacia de las estrategias de adquisición y retención de clientes.

- **Métricas de marca** : los índices de conocimiento de la marca, valor de la marca y reputación de la marca proporcionan una medida de la salud y la fortaleza de la marca, que a menudo es responsabilidad del CMO.
- **Métricas digitales** : en la era digital, la medición del tráfico web, la tasa de rebote, las tasas de conversión, las tasas de clics y la participación en las redes sociales son métricas pertinentes. Estas medidas ilustran el éxito de las iniciativas de marketing digital a la hora de impulsar la participación y las conversiones en línea.
- **Métricas de innovación** : los CMO de alto rendimiento suelen estar a la vanguardia de la innovación en sus empresas. Las métricas aquí podrían incluir la cantidad de nuevos productos o servicios lanzados, el grado de penetración de estas innovaciones en el mercado y el retorno de la inversión en innovación.

El CMO de alto rendimiento no es sólo un comercializador, sino un líder empresarial que comprende los objetivos estratégicos de la empresa, sabe cómo alinear las actividades de marketing con esos objetivos y es capaz de contribuir de manera mensurable al resultado final. Un CMO de este tipo es un activo indispensable en cualquier organización que desee impulsar el crecimiento y el éxito.

Subsección 1.1: Comprender el papel de un CMO de alto rendimiento

El director de marketing (CMO) desempeña un papel fundamental en la configuración del crecimiento, la reputación y el éxito general de una organización. Sin embargo, el panorama en el que operan ha experimentado cambios significativos en las últimas décadas, lo que hace que el papel de un CMO de alto rendimiento sea aún más complejo.

Un CMO de alto rendimiento es un líder que es el principal responsable de supervisar los departamentos de marketing, gestionar las estrategias de marketing e impulsar el crecimiento empresarial. Tienen la tarea de desarrollar una visión, estrategia y plan de ejecución de marketing claros y convincentes. Sus objetivos se alinean con la estrategia comercial más amplia de la organización y se centran en resultados mensurables que demuestran el impacto de sus esfuerzos de marketing.

A. El panorama cambiante

Los CMO operan hoy en un mundo cada vez más digital y basado en datos. En el cambiante panorama del marketing, ya no es adecuado centrarse en los canales de marketing tradicionales. Los CMO modernos deben ser versificadores, comprender y utilizar una amplia gama de estrategias de marketing, desde la creación de contenido, la optimización de motores de búsqueda, la gestión de redes sociales, el desarrollo de marcas, el análisis y la generación de informes de datos, y más.

También se espera que el CMO de alto rendimiento aproveche tecnologías avanzadas como la inteligencia artificial y el aprendizaje automático para automatizar y mejorar los esfuerzos de marketing. También es vital que los CMO se mantengan actualizados con las tendencias y oportunidades emergentes, como el marketing personalizado, la experiencia del cliente y la creación de una visión de 360 grados del recorrido del cliente.

B. La importancia de las métricas

La medición del éxito de un CMO de alto rendimiento también ha experimentado cambios considerables. Tradicionalmente, el éxito de un CMO se medía utilizando "métricas de vanidad", como el número de nuevos usuarios obtenidos o el número de visitas al sitio web. Si bien estas métricas son valiosas, no brindan una imagen completa del desempeño del marketing y el impacto en los resultados de la organización.

Hoy en día, los CMO deben centrarse en "métricas de impacto" que demuestren el impacto real de las actividades de marketing en los resultados empresariales. Estos pueden incluir métricas como el costo de adquisición del cliente (CAC), el valor de vida del cliente (CLTV), el retorno de la inversión en marketing (ROMI) y el puntaje neto del promotor (NPS).

Además, los CMO también deberían aprovechar las herramientas de análisis de datos que permitan una medición y un seguimiento sofisticados de estas métricas. Deben utilizar estos conocimientos para optimizar futuras estrategias de marketing y demostrar el valor de su trabajo al resto de la organización.

C. Caminos para convertirse en un CMO de alto rendimiento

Existen múltiples caminos para convertirse en un CMO de alto rendimiento. Un CMO eficaz hoy en día requiere una combinación dinámica de habilidades, que incluyen habilidades de liderazgo, sólidas habilidades analíticas, pensamiento estratégico, destreza técnica y comprensión del comportamiento del consumidor.

Desarrollar estas habilidades a menudo implica una trayectoria profesional variada que atraviesa diferentes roles y departamentos dentro de una organización. Un CMO debe comprender las diferentes facetas del negocio para alinear los objetivos de marketing con los objetivos comerciales generales.

Muchos CMO exitosos también tienen experiencia en áreas más allá del marketing, como ventas, TI o servicio al cliente. Esta experiencia multifuncional ayuda a los CMO a comprender cómo el marketing interactúa con otras partes del negocio para afectar el resultado final.

D. Estrategias para el éxito

Si bien cada organización y su contexto son únicos, algunas estrategias generales suelen mejorar la eficacia de un CMO de alto rendimiento:

- **Desarrollar un enfoque centrado en el cliente** : un CMO de alto rendimiento es aquel que coloca al cliente en el centro de todas las iniciativas de marketing. Esta persona comprende los puntos débiles, las preferencias y las necesidades del cliente en todas las etapas del ciclo de vida del cliente.
- **Construir un equipo de marketing fuerte y ágil** : un CMO tiene tanto éxito como el equipo que lo rodea. Construir un equipo de marketing eficaz es crucial y es esencial garantizar que el equipo pueda reaccionar rápidamente a los cambios en el panorama del mercado.

- **Establecer una presencia influyente en la sala de juntas** : los CMO deben tener la capacidad de influir en otros líderes de la organización y abogar por los recursos y el apoyo que sus equipos necesitan.
- **Comprometerse con el aprendizaje continuo y el desarrollo profesional** : para mantenerse actualizados en el panorama del marketing en rápida evolución, los CMO de alto rendimiento deben comprometerse con el aprendizaje permanente y buscar periódicamente oportunidades de desarrollo profesional.

Al comprender el rol, las métricas, las trayectorias profesionales y las estrategias, este libro espera servir como guía para los aspirantes a CMO de alto rendimiento que estén listos para aceptar los desafíos y oportunidades que brinda el entorno empresarial en constante cambio. Esto no sólo garantizará su éxito como CMO, sino que también contribuirá al éxito general de su organización.

Presentación del plan de un CMO de alto rendimiento

Un director de marketing (CMO) de alto rendimiento no es sólo una persona que sabe cómo crear e implementar estrategias de marketing. Son los catalizadores del crecimiento, los arquitectos de marca, los defensores del cliente y los formadores de equipos que pueden poner a la empresa en el vibrante pulso del marketing moderno. Alinean los objetivos comerciales con estrategias innovadoras, cultivan equipos multi-comprometidos e impulsan el progreso constante. Pero, ¿cómo se logra, mide y perfecciona continuamente este rendimiento de alto poder? Esto es lo que pretendemos desentrañar.

Adoptar el alcance del papel del CMO moderno

El CMO moderno opera como el puente crucial entre la sala de juntas corporativa y el panorama del mercado. Su función abarca no solo liderar el crecimiento impulsado por el marketing, sino también crear valor de marca, comprender y dar forma a la experiencia del cliente, dominar datos y análisis, impulsar la innovación y fomentar una cultura centrada en el cliente en toda la organización. A medida que el espacio del marketing se vuelve más impulsado por la tecnología y centrado en el cliente, la amplitud y profundidad del rol del CMO evoluciona y se expande.

Establecer las métricas correctas

La piedra angular de una actividad de CMO de alto rendimiento es la selección correcta de métricas. Para demostrar su impacto e informar sus estrategias, los CMO dependen cada vez más de un amplio panorama de datos cuantitativos y cualitativos. El tráfico web, la participación en las redes sociales, las tasas de conversión de clientes potenciales, los costos de adquisición de clientes y el retorno de la inversión en marketing son sólo algunos ejemplos de los innumerables marcadores analíticos que consideran los CMO modernos. Sin embargo, alinear estas métricas con los objetivos comerciales principales y las tendencias más amplias del mercado sigue siendo una prioridad y un desafío clave. Saber cómo utilizar los datos, cuándo utilizarlos y alinearlos con decisiones estratégicas es la base del alto rendimiento.

Adoptar los caminos correctos: innovación, integración e inspiración

El éxito como CMO de alto rendimiento no es una fórmula única para todos, pero ciertas vías son consistentemente efectivas.

- **Innovación:** los CMO, como innovadores, buscan constantemente métodos y tendencias innovadores para mantenerse a la vanguardia en un mercado hipercompetitivo. Aceptan el riesgo según sea necesario para descubrir ideas y oportunidades creativas.
- **Integración:** como directores virtuosos de la orquesta de marketing, los CMO deben integrar armoniosamente varias funciones (como publicidad, relaciones públicas, ventas, servicio al cliente, etc.) para brindar una experiencia de cliente coherente y convincente.
- **Inspiración:** los CMO, como líderes inspiradores, pueden impulsar a sus equipos a lograr lo impensable. Entienden que la motivación y la capacidad del equipo son tan cruciales como la estrategia y la ejecución.

Emprender el camino estratégico

La estrategia es la brújula que guía a los CMO. No sólo participan, sino que formulan y lideran la ejecución de iniciativas estratégicas. Las estrategias efectivas surgen de una sólida comprensión del mercado y sus partes interesadas, así como de una visión clara de los objetivos de corto y largo plazo de la empresa. La habilidad de cambiar las estrategias en el momento adecuado es lo que asegura el éxito en un panorama de marketing dinámico.

Sin lugar a dudas, convertirse en un CMO de alto rendimiento implica un aprendizaje y un crecimiento infinitos. Es un viaje para dominar nuevas habilidades, liderar iniciativas de empoderamiento, medir el progreso y demostrar un impacto significativo. Los próximos capítulos de este intrigante discurso profundizarán en las técnicas y caminos que los CMO exitosos utilizan para alcanzar y mantener sus niveles de alto desempeño. La decisión es suya para unirse a nosotros allí.

1.1 Comprender el papel de un CMO de alto rendimiento

Un director de marketing (CMO), por definición, es el ejecutivo responsable de supervisar e impulsar las estrategias de marketing y publicidad de una empresa para fomentar el crecimiento empresarial. Sin embargo, la narrativa de la CMO contemporánea está evolucionando rápidamente. El CMO de alto rendimiento ya no se ocupa únicamente de supervisar las actividades de marketing. El rol se ha vuelto más generalizado y exige una combinación de pensador estratégico, analista de datos, defensor del cliente y navegador de tendencias.

Para convertirse en un CMO de alto rendimiento, no se trata simplemente de dominar el arte y la ciencia del marketing sino también, en gran medida, de encarnar un papel de liderazgo de manera efectiva en esta era de transformación digital. Un CMO de este tipo trasciende los paradigmas de marketing tradicionales y aprovecha las experiencias pasadas junto con técnicas novedosas para ofrecer resultados comerciales inigualables.

1.1.1 Pivotar hacia el marketing orientado a resultados

El marketing moderno ya no se trata de crear campañas llamativas o jingles que peguen. Es una disciplina orientada a resultados en la que el desempeño del CMO a menudo se evalúa en función de métricas comerciales específicas. Ya sea adquisición de clientes, retención de clientes, crecimiento de cuentas clave, reconocimiento de marca o ingresos generales, el cumplimiento de estas métricas es un testimonio del éxito de un CMO.

1.1.2 A caballo entre el arte y la ciencia

El auge del big data y el análisis ha requerido que el rol de un CMO abarque los dominios del arte y la ciencia de manera efectiva. Hoy en día, los CMO deben sentirse cómodos manejando conjuntos de datos complejos, discerniendo patrones y tomando decisiones informadas y basadas en datos, al mismo tiempo que muestran creatividad para idear campañas atractivas, narrativas de marca convincentes y experiencias transformadoras de los clientes.

1.1.3 Defender la experiencia del cliente

Un CMO de alto rendimiento defiende la experiencia del cliente (CX) dentro de la organización. El papel del CMO implica comprender las preferencias y el comportamiento de los clientes, desarrollar productos y campañas centrados en el cliente e impulsar las iniciativas de CX de la organización. Esto significa trabajar en estrecha colaboración con otros ejecutivos de alta dirección y generar colaboración entre diferentes departamentos para crear una cultura empresarial centrada en el cliente.

1.1.4 Dirigir la transformación digital

Dado que la economía digital ocupa un lugar central, el papel del CMO es fundamental para dirigir el viaje de transformación digital de la empresa. Un CMO de alto rendimiento hoy en día es tecnológicamente astuto y abierto a experimentar con nuevas tecnologías, plataformas digitales y herramientas de automatización de marketing. Esta perspicacia tecnológica les permite aprovechar la disrupción digital como una oportunidad en lugar de verla como un desafío.

Al discernir la dinámica del cambiante panorama del marketing, este capítulo sienta las bases para que el lector comprenda el papel expansivo del CMO de alto rendimiento. Las secciones siguientes profundizarán en las métricas importantes, los caminos necesarios para alcanzar el éxito y las estrategias que impulsan los resultados para el CMO de alto rendimiento. A medida que explore los siguientes capítulos, obtendrá información sobre la hoja de ruta paso a paso que lo preparará para emprender el viaje desde ser un CMO convencional hasta convertirse en un CMO de alto rendimiento.

II. Métricas esenciales para los CMO

Comprender sus indicadores clave de rendimiento (KPI)

Al sumergirse en el mundo del marketing, es esencial que cualquier CMO (Chief Marketing Officer) comprenda y monitoree sus Indicadores Clave de Rendimiento (KPI), ya que trabajar a ciegas puede ser contraproducente y perjudicial para el crecimiento de su empresa. Estas métricas arrojan luz sobre la eficacia de sus estrategias de marketing, proporcionando información valiosa sobre lo que funciona, lo que no y cómo puede mejorar sus iniciativas de marketing para alcanzar los objetivos de su empresa.

Tipos de KPI para un CMO

Existen numerosos KPI que una división de marketing puede rastrear, por lo que es crucial identificar aquellos que se alinean con sus objetivos comerciales generales. A continuación se muestran algunos KPI populares que la mayoría de los CMO consideran:

1. **Costo de adquisición de clientes (CAC):** esta métrica mide el costo promedio para adquirir un solo cliente a través de sus esfuerzos de marketing. Implica todos los costos asociados con la conversión de clientes potenciales en clientes de pago.
2. **Tasa de retención de clientes:** este KPI calcula la tasa a la que su empresa retiene a sus consumidores existentes durante un período específico.
3. **Retorno de la inversión (ROI):** esta métrica fundamental indica la ganancia financiera que recibe su empresa a cambio de sus inversiones en marketing. Un ROI positivo significa estrategias de marketing exitosas, mientras que un ROI negativo puede sugerir la necesidad de una realineación.
4. **Tasa de conversión de clientes potenciales:** este KPI revela la eficiencia de sus campañas de marketing para convertir clientes potenciales en compradores.

5. **Tráfico del sitio web:** el tráfico que recibe su sitio web puede divulgar una gran cantidad de información sobre la interacción de su público objetivo con su contenido en línea.

Mejores prácticas para aprovechar los KPI

Una vez que haya identificado sus métricas clave, podrá formar la base de su estrategia de marketing. A continuación se presentan varias prácticas recomendadas para que los CMO aprovechen sus KPI:

- **Supervise periódicamente:** el mundo de los negocios evoluciona constantemente, por lo que lo que pudo haber funcionado hace un mes podría ser irrelevante hoy. Supervise periódicamente sus KPI para seguir siendo relevante y ágil en su enfoque.
- **Invierta en análisis:** invierta en herramientas de análisis impulsadas por IA que le brindarán análisis en profundidad y en tiempo real, lo que le permitirá tomar decisiones y pronósticos basados en datos.
- **Aproveche los conocimientos:** los datos brindan conocimientos valiosos que pueden aprovecharse para optimizar sus tácticas actuales y desarrollar otras nuevas.
- **Promueva la transparencia:** comparta sus KPI con su equipo; un entendimiento colectivo puede fomentar la colaboración y mejorar el desempeño.

Conclusión

Los KPI sirven como herramientas invaluables para determinar el éxito de sus estrategias de marketing y optimizar sus campañas para lograr el máximo impacto. Proporcionan una hoja de ruta que puede guiar a un CMO hacia el logro de sus objetivos comerciales. Como CMO de alto rendimiento, aclimatarse a estas métricas e incorporarlas a su proceso estratégico es un paso crucial para impulsar el crecimiento sostenido y la rentabilidad de su empresa. Al hacerlo, se asegurará de que sus esfuerzos de marketing no sean sólo conjeturas, sino iniciativas específicas guiadas por decisiones respaldadas por datos.

2.1 Comprender el papel crucial de las métricas clave de marketing

Como director de marketing (CMO) de alto rendimiento, es fundamental evaluar la eficacia, la productividad y el impacto de sus esfuerzos de marketing. Esta responsabilidad subraya la importancia de las métricas de marketing, que actúan como valores mensurables definitivos utilizados por los profesionales del marketing para demostrar la progresión (o regresión) de una campaña o estrategia en relación con objetivos clave específicos.

El marketing moderno opera en un amplio espectro de objetivos, plataformas y estrategias, por lo que las mediciones del éxito trascienden mucho más allá de las cifras básicas de ingresos. Cada campaña puede tener diferentes objetivos: visibilidad de la marca, generación de clientes potenciales, conversión de ventas, adquisición de clientes, retención de clientes o incluso lealtad a la marca. Por lo tanto, se convierte en una necesidad, como CMO, comprender la relevancia, implicación e interpretación de las métricas esenciales clave que sirven como indicadores fundamentales de desempeño.

2.1.1 Ingresos por ventas

Los ingresos por ventas son la métrica fundamental para cada negocio, ya que dictan la salud, el potencial de crecimiento y el desempeño general de la empresa. Sin embargo, buscar visibilidad y comprensión de esta métrica en relación con las iniciativas de marketing puede proporcionar información valiosa sobre la eficacia de las estrategias de marketing. Al rastrear los ingresos por ventas en comparación con las actividades de marketing, un CMO puede identificar las tácticas y estrategias de marketing que están contribuyendo al crecimiento o detectar aquellas que tienen un rendimiento deficiente o causan caídas.

2.1.2 Costo por cliente potencial (CPL)

El costo por cliente potencial mide qué tan rentables son sus campañas de marketing cuando se trata de generar nuevos clientes potenciales para su equipo de ventas. Un costo promedio por cliente potencial más bajo suele ser indicativo de una estrategia de marketing más efectiva, ya que apunta a lograr más por menos. Aquí es vital equilibrar la calidad de los clientes potenciales con los costos. El costo no siempre es monetario; podría medirse en tiempo, recursos o personal.

2.1.3 Costo de Adquisición de Clientes (CAC)

El costo de adquisición de clientes (CAC) es el costo asociado a convencer a un cliente potencial para que compre un producto/servicio. Incluye los costos gastados en investigación, marketing, accesibilidad, etc., realizados para adquirir un nuevo cliente. Como CMO, el objetivo es lograr un CAC más bajo y al mismo tiempo mantener un alto valor de vida útil (LTV) por cliente.

2.1.4 Valor de vida del cliente (CLV)

El valor de vida del cliente le permite predecir el beneficio neto atribuido a toda la relación futura con un cliente. En esencia, un alto valor de vida del cliente representa un buen retorno de la inversión para los esfuerzos de adquisición de clientes. Ayuda a determinar cuánto debería gastar una empresa en adquirir clientes y cómo retener a los existentes.

2.1.5 Tasas de conversión

Monitorear las tasas de conversión, ya sea desde el punto de vista del cliente potencial a la venta o con respecto a acciones de conversión más pequeñas (como completar un formulario, suscribirse a un boletín informativo, etc.), proporciona información sobre la efectividad del llamado a la acción en lugar. Una tasa de conversión baja puede indicar un problema con su propuesta de valor o podría indicar que su mensaje está llegando a la audiencia equivocada.

2.1.6 Métricas de redes sociales

Métricas de redes sociales: recuento de seguidores, me gusta, acciones compartidas, comentarios, retweets, menciones, impresiones, tasas de clics: todos estos son indicadores clave del desempeño de su marca en las redes sociales. Estas cifras proporcionan información directa sobre el alcance, el compromiso y la influencia de su marca.

2.1.7 Análisis web

La analítica web es la columna vertebral del marketing digital. Métricas como tráfico, tasa de rebote, páginas por visita, duración promedio de la sesión, búsqueda orgánica, etc., ofrecen información vital sobre el comportamiento del usuario, el rendimiento del sitio web y la efectividad del contenido.

En conclusión, las métricas son el elemento vital de la toma de decisiones de marketing. Sin métricas claras y mensurables, un CMO puede estar tomando decisiones basadas en sentimientos o intuición, lo que puede conducir a estrategias ineficaces, presupuesto desperdiciado y potencial comercial no realizado. Comprender estas métricas esenciales ilumina caminos y estrategias para influir e impulsar mejores resultados y el crecimiento de la empresa.

Capítulo 1: La importancia de definir y medir métricas clave

En el apasionante mundo del marketing, un director de marketing (CMO) de alto rendimiento sabe lo vital que es realizar un seguimiento y evaluar métricas clave para dirigir eficazmente las campañas de marketing y las estrategias comerciales generales. Las métricas sirven como elemento vital para un CMO; no solo permiten una ejecución exitosa de la campaña, sino que también brindan información valiosa para definir estrategias futuras, ajustar presupuestos o mejorar el rendimiento general del marketing.

1.1. Costo de adquisición de clientes (CAC)

Un punto de partida para cualquier CMO es comprender el costo de adquisición de clientes, también conocido como CAC. Este es el costo total de adquirir un nuevo cliente, incluidos todos los costos asociados con las ventas y el marketing, dividido por el número total de nuevos clientes adquiridos durante ese período en particular.

```
CAC = Costo de Ventas y Marketing / Número de Nuevos
Clientes Adquiridos
```

Un CAC aumentado significa que está gastando más para adquirir nuevos clientes, lo que puede afectar negativamente la rentabilidad de su empresa a largo plazo. Realizar un seguimiento de esta métrica puede guiarlo a diseñar estrategias de marketing más inteligentes y rentables.

1.2. Valor de por vida (LTV)

A diferencia del CAC, el valor de por vida (LTV) de un cliente es el ingreso total que una empresa puede esperar razonablemente de una única cuenta de cliente. Considera el valor de los ingresos de un cliente y compara ese número con la vida útil prevista del cliente por la empresa.

```
LTV = (Valor de compra promedio x Frecuencia de
compra promedio) x Vida útil promedio del cliente
```

Las empresas suelen aspirar a lograr un LTV más alto para enfatizar la retención de clientes. Los CMO de alto rendimiento entienden que aumentar el LTV allana el camino para el éxito y el rendimiento empresarial a largo plazo.

1.3. ROI de las campañas de marketing

El ROI (retorno de la inversión) de sus campañas de marketing es absolutamente imprescindible. Un ROI positivo significa que su estrategia está funcionando y un ROI negativo significa que es hora de revisar su tabla de planificación.

```
ROI = (Beneficio neto / Costo de inversión) x 100%
```

Además de las métricas financieras, también importa el rendimiento de sus campañas en términos de llegar y convertir al público objetivo.

1.4. Tasa de conversión

La tasa de conversión es una métrica fundamental para empresas de todos los tamaños. Ya sea que la "conversión" se defina como realizar una compra, hacer clic en un enlace o suscribirse a un boletín informativo, comprender cuántos miembros de su audiencia completan una acción deseada puede ayudarlo a determinar el éxito de su estrategia de marketing a nivel micro. .

```
Tasa de conversión = (Número de conversiones /
Visitantes totales) x 100%
```

1.5. Conocimiento de la marca

La medición del conocimiento de la marca puede incluir enfoques cuantitativos (encuestas) y cualitativos (grupos focales). Los panoramas del marketing digital han facilitado la medición del conocimiento de la marca a través de los seguidores, las impresiones, las menciones, las acciones compartidas y los me gusta en las redes sociales.

Las métricas anteriores no son exhaustivas y el nivel de énfasis que una empresa ponga en cada una dependerá en gran medida de sus objetivos estratégicos. Sin embargo, estas métricas proporcionan un punto de partida para que los CMO aprovechen los datos y los conocimientos para impulsar el éxito del marketing.

Para solidificar estas estrategias, los CMO de alto rendimiento adoptan vías y estrategias basadas en datos para garantizar que sus decisiones estén respaldadas por datos sólidos y confiables. Entienden que para seguir siendo competitivos es fundamental aprender, adaptarse e innovar continuamente. Después de todo, las métricas son la linterna que ilumina el camino que conduce al objetivo final de crear valor para el cliente y la organización.

Mirar hacia el futuro

En el próximo capítulo, profundizaremos en los caminos y estrategias específicos que los CMO exitosos pueden adoptar para llevar su desempeño al siguiente nivel aprovechando estos conocimientos de métricas clave.

Indicadores clave de rendimiento (KPI) para CMO

En esta era digital cada vez más basada en datos, los CMO deben realizar un seguimiento y optimizar los indicadores clave de rendimiento (KPI) correctos. Estas métricas no sólo deben alinearse con sus objetivos de marketing, sino que también deben alinearse estrechamente con los objetivos generales de su negocio. A continuación se presentan KPI cruciales que todo CMO de alto rendimiento debería internalizar e incorporar en su proceso de toma de decisiones estratégicas.

1. Retorno de la Inversión (ROI)

Todos los caminos conducen de regreso al ROI. Ya sea que se trate de una campaña multimillonaria o un pequeño impulso en las redes sociales, es fundamental comprender cuánto se obtiene de sus esfuerzos. El ROI se puede calcular restando el costo de la inversión de las ganancias de la inversión y luego dividiéndolo por el costo de la inversión.

2. Costo de adquisición de clientes (CAC)

Esta métrica mide cuánto le cuesta a su empresa adquirir un nuevo cliente. Implica sumar todos los costos gastados en convertir un cliente potencial y dividirlo por el número total de conversiones. Un CAC alto puede indicar ineficiencias en sus procesos de marketing o ventas, lo que le ayudará a identificarlas y rectificarlas.

3. Valor de vida del cliente (CLV)

Por otro lado, comprender el valor de vida de un cliente le permite determinar cuántos ingresos puede aportar un cliente a su empresa durante un período determinado. Esta información puede ser fundamental para elaborar presupuestos y pronosticar el crecimiento futuro.

4. Tasas de conversión del embudo de ventas

Es clave comprender profundamente cómo se mueven los clientes potenciales a través de su embudo de ventas. Cada etapa (conciencia, consideración, decisión) tiene su propia tasa de conversión: el porcentaje de personas que pasan a la siguiente etapa. Al realizar un seguimiento de estas tasas, puede saber dónde su embudo es más fuerte o dónde necesita mejorar.

5. Métricas de altitud

Estas métricas, como el valor de la marca y la participación del cliente, son más difíciles de medir, pero son igualmente importantes. Estas métricas proporcionan una visión más amplia de la salud de la empresa, evaluando la visibilidad, la reputación y el nivel de interacción con el cliente de la empresa.

6. Puntuación neta del promotor (NPS)

Esta métrica de lealtad del cliente evalúa la disposición de los clientes a recomendar su empresa a otros. Puede indicar la satisfacción del cliente y proporciona información sobre la lealtad del cliente y el potencial de crecimiento.

Recuerde, las métricas no deberían limitarse a números. Se trata de contar una historia que respaldará la toma de decisiones y el crecimiento empresarial. Si bien esta no es de ninguna manera una lista exhaustiva, proporciona un punto de partida a partir del cual cada CMO puede desarrollar una lista personalizada de KPI, una que refleje sus objetivos únicos, contexto comercial y condiciones de la industria.

Al utilizar estratégicamente estas métricas, los CMO pueden extraer conocimientos y conexiones significativas, lo que en última instancia les permitirá impulsar sus negocios con confianza y precisión. Como CMO de alto rendimiento, le corresponde vivir según el dicho: "Si puedes medirlo, puedes gestionarlo".

Subsección: Comprender el valor y el impacto de las métricas básicas de marketing

En cualquier función empresarial, la medición es la clave para la mejora y el marketing no es una excepción a esta regla. Como CMO, comprender la importancia y el impacto de las métricas centrales de marketing guiará fundamentalmente su proceso de toma de decisiones, dará forma a sus estrategias y, en última instancia, determinará el éxito de sus esfuerzos de marketing.

1. Costo de adquisición de clientes (CAC)

La primera métrica que cualquier CMO debe comprender es el costo de adquisición de clientes (CAC). Esto se refiere al costo total de adquirir un nuevo cliente, incluidos todos los aspectos de marketing y ventas. Para calcular el CAC, se divide el monto total gastado en la adquisición por la cantidad de nuevos clientes adquiridos en el período en que se gastó el dinero. Esta métrica puede proporcionar información sobre la eficacia de sus iniciativas de marketing, así como informar la estrategia presupuestaria y las decisiones de asignación.

2. Tasa de conversión

Esta es otra métrica vital para todo CMO. La tasa de conversión mide la proporción de visitantes que realizan una acción deseada en su sitio o mediante sus esfuerzos de marketing. Esto podría ser cualquier cosa, desde realizar una compra, registrarse en un servicio o incluso descargar un recurso. Controlar su tasa de conversión ayuda a evaluar la eficacia de su contenido, llamadas a la acción y experiencia del usuario.

3. Retorno de la inversión (ROI)

El ROI es una métrica crucial que mide la eficiencia y rentabilidad de una inversión. Le permite al CMO comprender qué estrategias, campañas o actividades se traducen en resultados lucrativos para el negocio. El propósito del marketing es provocar la acción del cliente y aumentar los ingresos, y el ROI actúa como una medida directa de este resultado.

4. Valor de por vida (LTV)

LTV mide el valor financiero de un cliente a lo largo de toda su relación con su empresa. En esencia, calcula cuántos ingresos puede esperar que genere un cliente durante el transcurso de su relación con su empresa. Un LTV alto es un indicador de adquisición de calidad y buenos esfuerzos de retención de clientes. El LTV suele combinarse con el CAC para medir y evaluar la longevidad y rentabilidad de las relaciones con los clientes.

5. Conocimiento de la marca

Aunque es más difícil de medir cuantitativamente, el conocimiento de la marca es una métrica poderosa para cualquier CMO. Esta métrica le permite medir el reconocimiento de su marca por parte de su público objetivo. Este conocimiento se puede medir mediante encuestas, analizando el tráfico del sitio web o evaluando el alcance de las redes sociales. El conocimiento de la marca no sólo le informa sobre su presencia actual en el mercado, sino que también proporciona información para un crecimiento potencial.

6. Puntuación neta del promotor (NPS)

NPS actúa como una medida de satisfacción y lealtad del cliente. Se calcula preguntando a los clientes qué probabilidades hay, en una escala de 0 a 10, de recomendar sus productos o servicios a otros. Esta métrica puede proporcionar información invaluable sobre la satisfacción y los comentarios del cliente, ayudándolo a comprender qué impulsa la lealtad de sus clientes y cómo mejorar en áreas donde puede faltar.

7. Métricas de redes sociales

En la era del marketing digital, es esencial que un CMO supervise las métricas de las redes sociales, como el recuento de seguidores, la tasa de participación y el porcentaje de voz. Estas métricas brindan información sobre la presencia en línea de su marca, la participación de la audiencia y la efectividad general de la estrategia digital.

El papel de un CMO va mucho más allá de apagar incendios y desarrollar estrategias innovadoras: requiere un control constante de una amplia gama de métricas. Estas métricas, junto con una comprensión de los objetivos comerciales más amplios, son la brújula que guía la estrategia de marketing e impulsa el crecimiento. Al realizar un seguimiento, analizar e iterar estas métricas, puede dirigir a su equipo de marketing y a la empresa hacia el éxito sostenible.

Al final, el CMO de alto rendimiento no es sólo un maestro de la creatividad y la estrategia, sino también un analista inteligente y un experto en la industria con un profundo conocimiento de cómo aprovechar los datos para impulsar el éxito. Comprender el valor y el impacto de las métricas centrales de marketing es una parte crucial de ese viaje.

III. Comprensión de los indicadores clave de rendimiento (KPI)

Comprensión de los indicadores clave de rendimiento (KPI)

Como director de marketing (CMO) moderno, es vital comprender el valor significativo de los indicadores clave de rendimiento (KPI). Los KPI ofrecen medidas cuantitativas del progreso y son herramientas invaluables en los procesos de toma de decisiones estratégicas. Permiten a los CMO evaluar la eficacia de sus estrategias y campañas, al tiempo que exponen oportunidades de mejora.

Para convertirse en un CMO de alto rendimiento, es fundamental tener una idea clara de qué indicadores monitorear y cómo interactúan. Este conocimiento formará la base de una toma de decisiones astuta y dirigirá los esfuerzos de marketing de la organización por un camino de crecimiento y mejora constantes.

Presentación de KPI: más que simples métricas

¿Son los KPI meros valores numéricos que miden tendencias a lo largo del tiempo? Para los no iniciados, pueden parecer sólo un montón de estadísticas. Sin embargo, para un CMO de alto rendimiento, los KPI son mucho más: cuentan una historia de éxito o fracaso, iniciativa o estancamiento, ascenso o declive. Proporcionan información detallada sobre el comportamiento del consumidor, las tendencias del mercado, la asignación de recursos, el retorno de la inversión y, en última instancia, el rendimiento general de sus campañas de marketing.

Aplicación de KPI: elección de los indicadores adecuados

Definir los KPI correctos es un arte en sí mismo. Si bien es tentador realizar un seguimiento de cada métrica, la clave está en identificar aquellas que resuenan con el objetivo, las metas y la visión de la empresa. Los CMO de alto rendimiento seleccionan KPI que se alinean con sus objetivos organizacionales, contribuyendo así a estrategias de marketing más enfocadas, una focalización eficiente y mejores resultados.

La selección correcta de KPI depende de factores como el modelo de negocio, el público objetivo, el panorama competitivo y los objetivos de marketing específicos. Como tal, no existe un enfoque único que sirva para todos. Por ejemplo, mientras que una empresa de comercio electrónico puede centrarse más en tasas de conversión específicas, una empresa B2B puede priorizar los índices de calificación de clientes potenciales.

Seguimiento y análisis de KPI: hacia la mejora continua

Después de definir los KPI correctos, incluso un CMO de alto rendimiento debe garantizar un seguimiento regular y un análisis riguroso. No se puede enfatizar lo suficiente la importancia del monitoreo frecuente: le permite identificar rápidamente qué funciona y qué no, lo que permite tomar medidas rápidas en caso de desempeño deficiente o ampliar iniciativas exitosas.

Pero simplemente recopilar datos no es suficiente; también debes convertirlo en ideas y acciones. Por lo tanto, las técnicas de análisis sofisticadas son esenciales. Junto con las metodologías adecuadas, estas pueden transformar los datos sin procesar en estrategias potentes y viables. Paralelamente, al reconocer patrones y decodificar tendencias, se puede diseñar una estrategia centrada en datos, que conduzca a una mejor toma de decisiones y resultados de marketing superiores.

Una poderosa herramienta a disposición de los CMO de alto rendimiento es el análisis predictivo. Al pronosticar tendencias y comportamientos futuros basados en datos históricos de KPI, el análisis predictivo puede permitir una asignación más efectiva de recursos de marketing, un desarrollo proactivo de estrategias y un mejor rendimiento de las campañas.

El futuro de los KPI: un cambio hacia indicadores centrados en el cliente

A medida que el panorama del marketing continúa evolucionando, también lo hace la naturaleza de los KPI. La llegada del marketing digital ha provocado un cambio significativo hacia indicadores centrados en el cliente. Los KPI como el valor de vida del cliente (CLV), el puntaje neto del promotor (NPS), el costo de adquisición de clientes (CAC) y los puntajes de satisfacción del cliente son más indicativos de la efectividad de sus esfuerzos de marketing, ya que se centran en las experiencias de los clientes y su relación con su marca.

En conclusión, comprender y aprovechar los KPI de manera efectiva puede cambiar las reglas del juego. Como CMO de alto rendimiento, dominar esta habilidad es vital para navegar con éxito en el panorama del marketing en constante evolución. Armados con el conjunto adecuado de KPI, competencias analíticas y mandatos centrados en el cliente, los CMO están mejor preparados para impulsar el crecimiento, diseñar estrategias exitosas y, en última instancia, elevar sus negocios a nuevas alturas. La clave siempre está en los números, una vez que sabes dónde buscar.

3.1 La importancia de los KPI en la medición del desempeño del marketing

En un panorama empresarial en constante evolución, el papel de un CMO se ha transformado más allá de la gestión de marca y las promociones. Sin duda, ahora exige un enfoque calculador y basado en datos en el que la toma de decisiones estratégicas basadas en evidencia empírica sea integral. Esta es principalmente la razón por la que la comprensión de los indicadores clave de rendimiento (KPI) es esencial para cualquier CMO de alto rendimiento.

Los KPI se pueden definir como valores medibles que se utilizan para medir el éxito o el nivel de desempeño de una organización en relación con los objetivos comerciales clave. Proporcionan un medio cuantificable para evaluar la eficacia de una estrategia o acción determinada para decidir y dar forma a los resultados comerciales deseados. Para un CMO, ofrecen información valiosa sobre las preferencias de los clientes, las acciones de los competidores, las tendencias del mercado o el rendimiento de las campañas, facilitando así la toma de decisiones informadas.

3.1.1 KPI principales para los CMO

Existen numerosos KPI que un CMO puede considerar, pero algunos se destacan como métricas vitales debido a su impacto directo en la configuración de los esfuerzos de marketing de una empresa:

- **Costo de adquisición de clientes (CAC):** mide los gastos totales incurridos en la adquisición de un nuevo cliente, midiendo efectivamente el precio de convertir un cliente potencial en un cliente. Un CAC más bajo indica un marketing eficiente y un ciclo de vida del cliente más saludable.
- **Valor de vida del cliente (CLV):** CLV predice el beneficio neto acumulado de toda una relación futura con un cliente. Un CLV alto muestra lealtad y puede

conducir a la adquisición orgánica de clientes a través del boca a boca positivo.

- **Retorno de la inversión en marketing (ROMI):** este KPI mide la eficiencia del gasto en marketing comparando las ganancias incrementales de valor financiero con la cantidad gastada en iniciativas de marketing.
- **Valor de marca:** aunque es de naturaleza más cualitativa, es crucial medir los valores de marca en la mente de los clientes. Este KPI podría ayudar aún más a influir en el comportamiento del consumidor, mejorar el reconocimiento y crear embajadores de marca.
- **Clientes potenciales calificados de marketing (MQL):** los MQL son clientes potenciales que han mostrado un grado significativo de compromiso o interés, pero que aún no han sido nutridos para la conversión. Una mayor cantidad de MQL significa esfuerzos de marketing eficaces en la parte superior del embudo.

3.1.2 Establecimiento de KPI relevantes

Si bien hay una gran cantidad de KPI disponibles, es importante elegir aquellos que se alineen con los objetivos de corto y largo plazo de la empresa. Este proceso de selección puede variar según la industria, el público objetivo y la oferta de productos de la empresa.

También es fundamental garantizar que los KPI sean tangibles, prácticos y fáciles de medir. Por ejemplo, objetivos confusos como "aumentar el conocimiento de la marca" se pueden convertir en objetivos mensurables como "aumentar el tráfico del sitio web en un x%", que se pueden monitorear y ajustar si es necesario.

3.1.3 Uso de KPI para decisiones de marketing estratégico

Los KPI sirven como guía para la toma de decisiones estratégicas de marketing. Al analizar tendencias y patrones en los datos, los CMO pueden:

- Realice los ajustes necesarios en tiempo real para optimizar una campaña.
- Pronostique el desempeño futuro y realice cambios proactivos.
- Identifique estrategias efectivas y reutilícelas o modifíquelas para campañas posteriores.
- Mida el ROI de diferentes herramientas y canales de marketing, reasignando potencialmente presupuestos en las áreas más rentables.

3.1.4 Retrospección y Mejora Continua

Para mejorar y evolucionar continuamente, es vital que un CMO revise periódicamente los KPI seleccionados. Este proceso ayuda a evaluar si los KPI actuales siguen siendo relevantes y aportan información valiosa o si deben ser reemplazados por otros que se alineen mejor con las prioridades actuales. La revisión de los KPI debe ser un proceso iterativo en el que los resultados se evalúan en comparación con los objetivos, se incorporan los aprendizajes y las estrategias se revisan o evolucionan según sea necesario.

En conclusión, comprender y emplear los KPI de manera eficiente puede abrir nuevas vías para que los CMO innoven, diseñen estrategias y amplifiquen el impacto de sus políticas de marketing. Esta comprensión no sólo ayuda a dar forma a las estrategias de marketing actuales, sino que también abre oportunidades para prever el futuro del marketing, lo que de hecho es clave para convertirse en un CMO de alto rendimiento.

A. Introducción a los indicadores clave de rendimiento (KPI)

Como director de marketing (CMO) de alto rendimiento, comprender los indicadores clave de rendimiento (KPI) es fundamental para medir, realizar un seguimiento y modificar de forma eficaz sus estrategias de marketing. Los KPI son métricas cuantificables que reflejan el desempeño de una organización en relación con sus objetivos estratégicos. Proporcionan una representación clara y concisa del estado actual de la organización y una visión directa de si se están cumpliendo los objetivos.

Para empezar, debe tener una comprensión integral de sus objetivos comerciales y de cómo los KPI específicos pueden evaluar el progreso hacia esos objetivos. Esto implica traducir los objetivos comerciales en resultados mensurables. Recuerde, un KPI útil debe resonar bien con los objetivos de la organización y ser esencial para su éxito.

B. La importancia de los KPI para un CMO

Básicamente, los KPI sirven como una brújula para el CMO, guiando los esfuerzos de marketing y asegurando que cada paso dado se alinee con la visión general del negocio. Ellos:

1. Proporcionar evidencia objetiva del progreso hacia los objetivos comerciales.
2. Ayude a identificar áreas que necesitan mejorar.
3. Fomente la responsabilidad entre los miembros del equipo proporcionando una visión del desempeño basada en métricas.

4. Facilitar conocimientos prácticos y la toma de decisiones.
5. Permitir que el CMO informe datos de desempeño a otras partes interesadas de la organización, especialmente al CEO y al CFO.

C. Tipos de KPI que todo CMO debería conocer

1. Ingresos por ventas

Posiblemente uno de los KPI más críticos, muestra cuántos ingresos generan directamente las campañas de marketing. El seguimiento de este KPI puede ayudar a ilustrar la efectividad de sus estrategias de marketing y mostrar dónde podrían ser necesarios ajustes.

2. Costo de adquisición de clientes (CAC)

Este es el costo asociado con convencer a un cliente potencial para que compre un producto/servicio. CAC está íntimamente ligado al ROI y puede decirle mucho a un CMO sobre las fortalezas y debilidades de sus campañas de marketing.

3. Generación de leads

Este KPI ofrece una visión de cuántos clientes potenciales (clientes potenciales) están atrayendo los esfuerzos de marketing. El seguimiento de clientes potenciales puede proporcionar información sobre qué campañas de marketing son las más efectivas para atraer interés.

4. Tasa de conversión

La tasa de conversión es un KPI que mide el porcentaje de clientes potenciales que completan una acción deseada (como realizar una compra). El seguimiento de la tasa de conversión puede ayudar a identificar brechas en el embudo de marketing y generar mejoras en las estrategias de marketing.

5. Valor de vida del cliente (CLV)

Este KPI mide el beneficio neto que obtiene la empresa de un cliente determinado. Ayuda al CMO a comprender si se está dirigiendo a los clientes adecuados y adquiriendolos. Esta métrica ayuda a justificar las inversiones en programas de fidelización y adquisición de clientes.

6. Métricas de redes sociales

En el panorama del marketing moderno, el rendimiento de las redes sociales es crucial. Los KPI a monitorear aquí pueden incluir alcance, impresiones, crecimiento de seguidores, participación y tráfico de referencia a su sitio web.

D. Implementación de KPI

La implementación eficaz de los KPI requiere un enfoque sistemático:

1. **Identificar metas y objetivos:** es fundamental identificar lo que aspira lograr a través de las iniciativas de marketing, ya que esto guiará los KPI seleccionados.
2. **Desarrollar KPI:** una vez que se hayan definido los objetivos comerciales, debe obtener KPI mensurables que se alineen con estos objetivos.

3. **Medir los KPI:** la medición de los KPI debe ser precisa, consistente y los datos obtenidos deben ser confiables.
4. **Revisar y refinar:** los KPI deben revisarse y refinarse continuamente para determinar su relevancia frente a los cambios en los objetivos comerciales y las tendencias de la industria. La reevaluación periódica facilita el proceso de evaluación y hace que alcanzar los objetivos comerciales sea una tarea más manejable.

Recuerde, los KPI no son una noción de "configúrelo y olvídese". Se necesitan mediciones y ajustes continuos para adaptarse a la dinámica de marketing en constante evolución.

En resumen, como CMO de alto rendimiento, crear e implementar un conjunto sólido de KPI no sólo es esencial sino también crítico para la misión. Estos valores numéricos le ofrecerán una visión de las estrategias de marketing disponibles y cómo se alinean con los objetivos comerciales. Al realizar un seguimiento y análisis constantes de estos KPI, no solo cuantifica el desempeño, sino que también aprende sobre áreas donde las estrategias se pueden modificar para brindar un mejor servicio, garantizando una mayor eficiencia y un éxito continuo de su organización.

3.1 Identificación y utilización de KPI relevantes

Una de las principales responsabilidades del director de marketing (CMO) de alto rendimiento es identificar, medir y monitorear los indicadores clave de rendimiento (KPI) que sean relevantes para los objetivos de marketing específicos de su empresa. La utilización eficaz de los KPI permite al

CMO realizar un seguimiento del éxito y el alcance de sus iniciativas de marketing, evaluar la eficiencia de las estrategias de marketing y tomar decisiones informadas para la futura dirección de marketing de la empresa.

¿Qué son los indicadores clave de rendimiento (KPI)?

En un contexto empresarial, los indicadores clave de rendimiento (KPI) son métricas cuantificables que se establecen para medir el rendimiento de una actividad específica dentro de una empresa durante un período específico. Proporcionan evidencia basada en datos de qué tan bien una empresa está logrando sus objetivos comerciales clave. Para los CMO, los KPI elegidos a menudo giran en torno a los objetivos de marketing de la empresa, como el crecimiento de los ingresos, la expansión de la participación de mercado, la participación del consumidor o el conocimiento de la marca.

Seleccionar sus KPI: un enfoque doble

Seleccionar los KPI apropiados requiere una comprensión clara del modelo operativo de su empresa, su público objetivo, su estrategia de marketing y, lo más importante, sus objetivos comerciales generales. Hay dos aspectos clave a considerar al elegir sus KPI.

- **Alineación con los objetivos comerciales** : sus KPI deben ser un reflejo de sus objetivos comerciales. Si su objetivo es aumentar el conocimiento de la marca, por ejemplo, sus KPI podrían incluir métricas como tasas de recuerdo de la marca, participación en las redes sociales y tráfico del sitio web.
- **Evaluación comparativa de la industria** : Las evaluaciones comparativas de la industria proporcionan un barómetro para medir el desempeño

de su empresa frente a sus pares. Al comparar sus KPI con los estándares de la industria, puede comprender dónde se encuentra su empresa en el panorama competitivo.

Comprender e implementar KPI relevantes para su empresa

Si bien hay innumerables KPI a disposición de un CMO, es posible que no todos sean relevantes para su empresa. Los más importantes podrían abarcar:

- **Ingresos por ventas** : mide las ventas netas generadas a través de actividades de marketing. Un KPI de ingresos por ventas bajo podría indicar estrategias de marketing ineficaces o problemas que resulten en una baja conversión del consumidor.
- **Costo por cliente potencial (CPL)** : CPL es una medida financiera del costo incurrido por cada nuevo cliente potencial generado. Evalúa la rentabilidad de las campañas de marketing y es especialmente relevante para empresas que se centran en estrategias de marketing digital.
- **Costo de adquisición de clientes (CAC)** : se calcula dividiendo el costo total de adquirir nuevos clientes (gastos de marketing) por la cantidad de nuevos clientes adquiridos durante el mismo período. Es una métrica esencial para comprender la eficiencia financiera de sus esfuerzos de marketing.
- **Retorno de la inversión en marketing (ROMI)** : ROMI ilustra la eficacia de la estrategia de marketing calculando cuántos ingresos se han generado por cada dólar gastado en marketing.
- **Valor de vida del cliente (CLV)** : CLV predice el beneficio neto atribuido a toda la relación futura con un cliente. Ayuda a los departamentos de marketing a

asignar recursos a los segmentos de clientes más rentables.

Monitorear y ajustar continuamente los KPI

Una vez que se establecen los KPI relevantes, el trabajo del CMO no termina. Es esencial monitorear continuamente estas métricas. Los cambios en la industria, las tendencias del mercado o los objetivos comerciales internos pueden requerir ajustes en los KPI elegidos. De hecho, la capacidad de adaptar los KPI para reflejar nuevas realidades es el sello distintivo de un CMO de alto rendimiento.

En conclusión, seleccionar, utilizar y monitorear periódicamente el conjunto correcto de KPI es fundamental para ejecutar estrategias de marketing exitosas. Por lo tanto, comprender los KPI debe considerarse un componente clave en el conjunto de herramientas de cualquier CMO que desee liderar con impacto e impulsar su organización hacia adelante.

A. Definición de indicadores clave de desempeño para los CMO

En el ámbito del marketing, los indicadores clave de rendimiento (KPI) son un instrumento indispensable que puede rastrear, medir y evaluar el éxito de sus actividades de marketing. Los KPI son medidas cuantificables que muestran si una empresa está cumpliendo con sus objetivos estratégicos y operativos.

Como director de marketing (CMO), usted tiene la función principal de formular y ejecutar estrategias de marketing para aumentar el conocimiento de la marca, la participación de mercado y, en última instancia, los ingresos de la empresa. Para medir con precisión el progreso hacia estos objetivos, debe establecer KPI cuidadosamente elegidos y realizar un seguimiento de ellos periódicamente.

1. Por qué los KPI son importantes en el papel del CMO

Los KPI toman lo subjetivo y lo vuelven objetivo. Ofrecen una forma clara y mensurable para que el CMO demuestre la contribución del departamento de marketing al éxito general de la empresa. Al realizar un seguimiento de estos indicadores, como CMO, usted puede:

- Identificar áreas de ineficiencia o mal desempeño.
- Tome decisiones basadas en datos y ajuste estrategias para mejorar el rendimiento.
- Demostrar el impacto de las inversiones en marketing en los resultados comerciales.
- Justificar las asignaciones presupuestarias en función de los resultados demostrados de las actividades de marketing.
- Fomente una cultura de mejora continua dentro de su equipo de marketing.

2. Identificar los KPI adecuados para el CMO

Elegir KPI eficaces puede ser una tarea desalentadora. Debe seleccionar KPI que se alineen con los objetivos de su organización, que puedan ser medidas precisas del éxito del marketing. Si bien los KPI específicos pueden variar según la industria, los siguientes son algunos KPI comunes relevantes para un CMO:

- **Costo de adquisición de cliente (CAC):** El costo de adquirir un nuevo cliente, considerando todos los costos asociados con marketing y ventas.

- **Valor de vida del cliente (CLV):** los ingresos proyectados que generará un cliente a lo largo de su vida.
- **Retorno de la inversión en marketing (ROMI):** la eficacia del gasto en marketing para generar nuevas ventas.
- **Generación de clientes potenciales: **La cantidad de clientes potenciales calificados generados por las actividades de marketing.
- **Cuota de Mercado:** La porción de un mercado controlada por la empresa.
- **Conocimiento** y percepción de la marca: qué tan bien las personas de su mercado entienden y perciben su marca.

3. Seguimiento y análisis de KPI

No basta con identificar sus KPI: también necesita sistemas sólidos para rastrearlos y analizarlos. Primero, asegúrese de tener un sistema de información de gestión (MIS) adecuado para realizar un seguimiento de estos puntos de datos. En segundo lugar, como CMO, debes revisar periódicamente estas métricas clave, analizar tendencias y ajustar tus estrategias en consecuencia.

Las tecnologías digitales y de análisis han hecho que sea más fácil que nunca realizar un seguimiento preciso de estas métricas. Plataformas como Google Analytics, Tableau y HubSpot le permiten realizar un seguimiento de sus métricas de marketing en tiempo real y proporcionar informes detallados que pueden ayudarle a fundamentar su toma de decisiones estratégicas.

4. Alinear los KPI con los objetivos organizacionales

Por último, es vital asegurarse de que sus KPI de marketing estén estrechamente alineados con los objetivos comerciales generales. En otras palabras, el éxito del equipo de marketing debería equivaler al éxito de la empresa.

Para alinear los KPI con objetivos comerciales más amplios, tómese el tiempo para comunicarse regularmente con otros ejecutivos y su equipo de marketing, asegurándose de que todos comprendan la dirección de la organización, cómo el marketing contribuye a ella y cómo se medirá el éxito.

Al comprender y utilizar los KPI de manera eficaz, se convertirá en un CMO de mayor rendimiento y orientado a resultados. Recuerde, un objetivo sin medición es solo un deseo, y los KPI son la forma que tiene un CMO de transformar los sueños de marketing en una realidad basada en datos. Su profundo conocimiento de los KPI no solo guiará a su departamento hacia el éxito, sino que también puede posicionarlo como un actor fundamental en el conjunto ejecutivo de su organización.

IV. Creando caminos estratégicos

Alinear los movimientos de marketing con los objetivos comerciales

Para convertirse en un CMO de alto rendimiento, es imperativo construir vías estratégicas que alineen las iniciativas de marketing con los objetivos comerciales. Esta conexión puede garantizar que sus esfuerzos de marketing contribuyan directamente a la rentabilidad del negocio, fortalezcan la reputación de la marca y aceleren el crecimiento.

Comprender los objetivos comerciales

Antes de crear rutas estratégicas, asegúrese de comprender plenamente los objetivos comerciales que su organización pretende alcanzar. Los objetivos pueden abarcar desde aumentar la cuota de mercado de la empresa, penetrar en nuevos mercados, hasta impulsar las ventas o mejorar la satisfacción del cliente. En conjunto, estos objetivos definen la dirección de la organización y proporcionan el punto de referencia para medir el éxito de las rutas estratégicas establecidas.

Identificación de los indicadores clave de rendimiento (KPI)

Todo CMO de alto rendimiento es consciente de la importancia de definir y realizar un seguimiento de los KPI correctos. Sus KPI deben reflejar los objetivos comerciales de la organización y proporcionar evidencia cuantitativa de qué tan bien se están desempeñando las estrategias de marketing. Por ejemplo, si el objetivo de la empresa es penetrar en un nuevo segmento de mercado, el KPI podría ser la cantidad de nuevos clientes adquiridos dentro de ese segmento. Por lo tanto, los KPI permiten un análisis detallado de la productividad de la campaña y ayudan a tomar decisiones basadas en datos.

Elaboración de estrategias de marketing

Una vez establecidos los objetivos comerciales y los KPI, ahora es el momento de diseñar estrategias tácticas de marketing. Estas estrategias deben servir a los objetivos comerciales e impulsar los resultados deseados. Una estrategia mal diseñada, por muy atractiva que sea, perderá su valor si no se alinea con las metas y objetivos de la empresa.

Seguimiento de ejecución y rendimiento

Después de diseñar cuidadosamente sus estrategias de marketing, implementarlas es el siguiente paso crucial. Un CMO de alto rendimiento aprecia que la fase de ejecución sea tan crítica como la etapa de planificación. Además, es necesario monitorear y rastrear periódicamente el desempeño de sus estrategias, realizando ajustes cuando sea necesario. Mantenga siempre sus planes lo suficientemente flexibles para adaptarse al cambiante panorama del marketing.

Aprovechar las fortalezas y abordar las debilidades

Una clave para crear caminos estratégicos es aprovechar eficazmente las fortalezas de su organización y abordar implacablemente sus debilidades. Asegúrese de capitalizar las propuestas de venta únicas (PVU) de su empresa y, al mismo tiempo, abordar áreas de mejora. Este enfoque no sólo lo mantiene proactivo ante los desafíos, sino que también le brinda una ventaja competitiva sustancial.

Colaboración y comunicación

Por último, nunca subestimes el poder de la colaboración y la comunicación. Trabajar en estrecha colaboración con otros departamentos y garantizar que todos comprendan las estrategias de marketing puede fomentar un entorno propicio para el éxito. Un CMO de alto rendimiento valora los esfuerzos del equipo y se da cuenta de que los objetivos comerciales sólo se pueden lograr cuando todos trabajan juntos de manera efectiva.

En resumen, crear vías estratégicas no es una tarea aislada, sino un proceso continuo. Como CMO, debe permanecer ágil y preparado para recalibrar sus estrategias de acuerdo con el entorno empresarial. Recuerde, el objetivo es agregar valor a la organización y demostrar el valor de sus iniciativas de marketing para impulsar el crecimiento empresarial.

IV. Creando caminos estratégicos

IV.A. Descubriendo caminos potenciales

Las vías estratégicas son cruciales para impulsar el desempeño de marketing de una organización. Constituyen la gama de opciones que una organización puede utilizar para lograr sus objetivos estratégicos de marketing. Un CMO (director de marketing) de alto rendimiento debe tener la habilidad de identificar, evaluar y aprovechar las posibilidades que ofrecen los caminos potenciales.

Paso 1: Análisis situacional

Antes de identificar caminos estratégicos, es necesario comprender completamente su situación actual. Esto implica analizar aspectos conocidos como las tendencias actuales del mercado, sus competidores y cómo se compara su organización dentro de esas métricas. También debes ser consciente de tus puntos fuertes y de las áreas en las que puedes mejorar.

Paso 2: enfoque basado en datos

Aprovechar los datos es crucial a la hora de descubrir posibles vías estratégicas. Un CMO de alto rendimiento debe apreciar la importancia de los datos a la hora de informar la estrategia. Los datos cuantitativos se pueden utilizar para comprender más profundamente el desempeño actual del marketing y las perspectivas de mejora, mientras que los datos cualitativos son útiles para generar ideas que motiven el cambio.

IV.B. Seleccionar caminos apropiados

Una vez que se ha identificado una lista de posibles vías, el CMO debe evaluarlas en función de las visiones, objetivos y recursos de la empresa.

Paso 1: idoneidad

Primero, evaluar la idoneidad de cada vía. Esto implica alinear la estrategia con la visión y misión de la empresa.

Paso 2: Viabilidad

Evaluar la viabilidad de la estrategia dados los recursos de la empresa. Esto podría implicar realizar un análisis de costo-beneficio, una evaluación de riesgos o explorar las implicaciones en materia de personal y recursos.

IV.C. Implementación de vías

Una vez elegido un camino, todo es cuestión de ejecución. Un CMO debe ser capaz de liderar al equipo para ejecutar la estrategia elegida sin problemas. Sin embargo, es importante no ser demasiado rígido. Un enfoque flexible puede mantener su estrategia actualizada y eficaz.

Paso 1: desarrollar un plan detallado

Desarrollar un plan de acción claro y detallado. Divide la estrategia en tareas y asígnalas a tu equipo.

Paso 2: monitorear el progreso

Es igualmente importante monitorear el progreso de la estrategia. Esté preparado para ajustar la estrategia cuando sea necesario.

IV.D. Evaluación del éxito del camino

Las evaluaciones son un aspecto necesario de cualquier proceso de planificación estratégica. Las evaluaciones periódicas pueden ayudar a identificar qué funciona, qué no y áreas de mejora.

Paso 1: definir métricas clave

Primero, defina métricas clave que se utilizarán para medir y evaluar el éxito.

Paso 2: recopilar datos y analizarlos

Reúna datos y analícelos en relación con estas métricas. Busque patrones o correlaciones en los datos que puedan informar la estrategia futura.

En general, el camino para convertirse en un CMO de alto rendimiento implica aprender y adaptarse constantemente. Los CMO verdaderamente exitosos entienden que maximizar el desempeño del marketing no es un proyecto "único", sino un proceso continuo que requiere vigilancia, pruebas y refinamiento constantes de las estrategias.

IV.1. El proceso de formulación de estrategias

Como director de marketing (CMO), un componente central de su función es construir y aplicar vías estratégicas que guiarán su negocio para lograr resultados mensurables y tangibles. El proceso de formulación de estrategias implica una planificación considerable y una atención crítica a las métricas clave de desempeño. Básicamente, define la hoja de ruta que debe seguir para pasar de ser un CMO promedio a uno de alto rendimiento.

Para empezar, es fundamental comprender su modelo de negocio actual, su base de clientes y su panorama competitivo. Esto implica evaluar su análisis FODA (Fortalezas, Debilidades, Oportunidades, Amenazas), la segmentación de clientes y el posicionamiento competitivo. Toda esta información le proporcionará el contexto necesario para tomar decisiones más informadas.

IV.1.1. Identificar áreas clave de resultados

Identifique las áreas en las que necesita obtener resultados. Estos pueden incluir el fomento de clientes potenciales, el conocimiento de la marca, la satisfacción del cliente, las tasas de retención de clientes y muchos otros. La definición de estas Áreas de Resultados Clave (KRA) es importante ya que sienta las bases de sus rutas estratégicas.

IV.1.2. Establezca objetivos INTELIGENTES

El siguiente paso crucial es establecer objetivos o metas SMART (específicas, mensurables, alcanzables, relevantes y con plazos determinados) para las áreas de resultados clave identificadas. Los objetivos SMART garantizan eficazmente la alineación entre sus objetivos de marketing y los objetivos comerciales generales.

IV.1.3. Definir indicadores clave de rendimiento

Después de definir claramente sus objetivos SMART, proceda a determinar los indicadores clave de rendimiento (KPI) que medirán el éxito de sus objetivos. Los KPI son medidas cuantificables que brindan visibilidad del desempeño de la organización en comparación con sus objetivos. Este paso es crucial para crear una estrategia orientada a resultados.

IV.1.4. Formule estrategias viables

Después de realizar los pasos discutidos anteriormente, continúe con la creación de estrategias viables. Utilice los conocimientos recopilados de su análisis FODA y otras evaluaciones. Recuerde, las estrategias deben servir como un camino para lograr sus objetivos INTELIGENTES.

IV.1.5. Implementar, monitorear y optimizar

Una vez implementadas las estrategias, la siguiente fase es la implementación. Un seguimiento exhaustivo de las estrategias es esencial para el éxito. Es igualmente imperativo mantener la flexibilidad para optimizar y ajustar sus estrategias en función de los KPI y cualquier cambio en el entorno de marketing.

IV.1.6. Revisión y adaptación periódicas

Recuerde, el terreno del marketing es dinámico y está sujeto a cambios constantes. Las empresas necesitan adaptarse rápidamente, por lo que revisan continuamente su estrategia, la revisan y la adaptan cuando sea necesario. Las revisiones periódicas arrojarán luz sobre si sus estrategias lo están llevando hacia sus objetivos de marketing o si los pasos a seguir requieren ajustes.

En conclusión, convertirse en un CMO de alto rendimiento requiere una estrategia bien definida. Realizar un seguimiento de las métricas correctas, establecer objetivos claros y mantenerse adaptable al cambio le ayudará a seguir siendo relevante y a situarse por delante de su competencia. Recuerde que en el volátil mundo de los negocios, el papel del CMO nunca es constante; más bien, evoluciona continuamente. Por lo tanto, ser un CMO de alto rendimiento significa no sólo impulsar a su equipo y a su empresa hacia el éxito, sino también al crecimiento y desarrollo personal.

4.1 Alinear los objetivos con las estrategias: el papel del CMO

En el dinámico mundo del marketing, el director de marketing (CMO) desempeña un papel clave que trasciende los límites convencionales. Se espera que el CMO sea un visionario, un estratega, un innovador y un orquestador, todo en uno. No sólo se les exige que propongan estrategias de marketing de vanguardia para promover los productos o servicios de la empresa, sino también que alineen los objetivos de marketing con los objetivos más amplios de la empresa.

Principalmente, un CMO de alto rendimiento debe realizar cuatro tareas críticas: formular una estrategia de marketing, fomentar el pensamiento innovador, establecer una gestión de marca sólida y contribuir significativamente a la generación de ingresos.

Formulación de estrategia de marketing

La función más importante de un CMO de alto rendimiento es diseñar una estrategia de marketing sólida aprovechando las tendencias del mercado y analizando el comportamiento de los clientes. Esta estrategia debe ser ágil y acorde con los objetivos de largo plazo de la empresa. Aquí, se prueba al máximo la destreza del CMO para crear una hoja de ruta que conecte las metas comerciales, los objetivos de marketing y las estrategias viables. Se recomienda que el CMO colabore estrechamente con el director ejecutivo y la junta directiva para establecer una alineación estratégica.

Fomentar el pensamiento innovador

En el panorama digital que cambia rápidamente, fomentar una cultura de innovación ya no es una opción sino una necesidad. Al estar a la vanguardia de los avances tecnológicos, un CMO de alto rendimiento puede aprovechar las nuevas tecnologías para impulsar el crecimiento empresarial. El pensamiento innovador debe aplicarse a todos los aspectos del marketing, incluida la creación de productos, la construcción de marcas, el servicio al cliente y la ruta al mercado. En este caso, es fundamental fomentar una cultura que fomente la experimentación constante y el aprendizaje de los fracasos.

Establecer una gestión de marca sólida

La visibilidad de marca destacada y positiva se correlaciona directamente con una mayor confianza del cliente y flujos de ingresos sostenidos. Como tal, un CMO de alto rendimiento también busca establecer una gestión de marca sólida. Esto implica mensajes consistentes, nutrir a los defensores de la marca y fomentar una narrativa de marca sólida que resuene profundamente entre los clientes. Al monitorear constantemente las métricas de salud de la marca, como el conocimiento de la marca, la preferencia y la lealtad a la marca, un CMO puede dar forma y perfeccionar su estrategia de marca.

Contribuyendo a la generación de ingresos

Un CMO de alto rendimiento no es sólo un experto en marketing sino también un líder empresarial. Como tal, deben tener una comprensión clara del modelo de ingresos y contribuir a impulsar el crecimiento de los ingresos. Esto se extiende más allá de las actividades de marketing tradicionales hacia áreas como ventas, gestión de clientes, precios y estrategias de distribución. Al colaborar con otros líderes multifuncionales, un CMO puede fomentar una cultura centrada en el cliente que priorice las relaciones a largo plazo y el crecimiento sostenido de los ingresos.

En conclusión, convertirse en un CMO de alto rendimiento requiere un enfoque híbrido, que combine la experiencia en marketing tradicional con una comprensión de la estrategia empresarial, una pasión por la innovación, una fortaleza en la gestión de marca y un enfoque incesante en el crecimiento de los ingresos. Un CMO de alto rendimiento es el eje que conecta varias funciones comerciales y crea vías estratégicas para el éxito a largo plazo.

Comprender el papel del CMO

Tener éxito como CMO (director de marketing) en el entorno empresarial moderno requiere una comprensión profunda del papel cambiante del marketing dentro de una empresa. Como tomador de decisiones estratégicas e innovador, se espera que el CMO no sólo cree y entregue valor al cliente, sino también impulse la rentabilidad y el crecimiento de la organización. Esta función fundamental implica gestionar una variedad de tareas complejas, desde la experiencia del cliente, el marketing digital, la creación de marca, la innovación, el análisis del cliente hasta las ventas y la gestión de la combinación de canales. Además, un CMO verdaderamente de alto rendimiento debe demostrar habilidades excepcionales de liderazgo y comunicación, y tener la capacidad de alinear las estrategias de marketing con los objetivos estratégicos más amplios de la empresa.

Métricas clave de rendimiento para los CMO

Como es el caso de cualquier puesto de liderazgo, el desempeño de un CMO se mide mediante métricas específicas. Entre los principales indicadores de desempeño para los CMO se encuentran el reconocimiento y la reputación de la marca, la adquisición de clientes, las tasas de conversión, la lealtad del cliente y el valor de por vida, y el retorno de la inversión en marketing (ROMI). Más recientemente, las métricas de marketing digital, como el tráfico en línea, la participación en las redes sociales y la clasificación en los motores de búsqueda, también desempeñan un papel importante a la hora de medir el éxito de un CMO. Es importante que los CMO no sólo comprendan estas métricas sino también alinearlas con los objetivos estratégicos generales de la empresa.

Construyendo caminos estratégicos

Crear caminos estratégicos implica trazar un rumbo que alinee perfectamente las actividades del departamento de marketing con los objetivos estratégicos generales de la organización. Requiere una comprensión del modelo de negocio de la empresa, la estrategia organizacional general y los objetivos comerciales clave. Un CMO de alto rendimiento es aquel que puede desarrollar e implementar de manera efectiva vías estratégicas en marketing que contribuyan al éxito de la empresa en su conjunto.

Comprensión profunda del negocio y la industria

Una parte crucial de la creación de un camino estratégico es tener un conocimiento profundo del negocio y la industria de la empresa. Esto incluye conocer a los actores clave, comprender las tendencias del mercado, reconocer oportunidades de crecimiento y predecir desafíos potenciales. Además, requiere una comprensión del público objetivo de la empresa, incluidas sus necesidades, deseos y expectativas.

Establecer y comunicar objetivos de marketing claros

Los objetivos de marketing claros que se alinean con los objetivos comerciales de la empresa sirven como barreras de seguridad que garantizan que todas las actividades de marketing estén enfocadas y orientadas a resultados. Estos objetivos deben ser INTELIGENTES (específicos, mensurables, alcanzables, relevantes y con plazos determinados) y comunicarse de manera efectiva en todos los niveles del equipo de marketing.

Crear un plan de marketing estratégico

Un plan de marketing eficaz es la hoja de ruta que guía a la organización para alcanzar sus objetivos de marketing. Esto implica crear estrategias para la segmentación del mercado, la focalización, el posicionamiento y la mezcla de marketing: producto, precio, plaza y promoción.

Asignación efectiva de recursos

Los recursos deben asignarse de manera efectiva para garantizar que todas las actividades de marketing no sólo sean viables sino que también conduzcan al mayor retorno de la inversión posible. Esto implica presupuestar cada aspecto de la estrategia de marketing y evaluar constantemente la eficacia de la asignación de recursos.

Monitorear, medir y ajustar

Los CMO de alto rendimiento supervisan de cerca el progreso de las campañas y actividades de marketing y miden su éxito en función de objetivos y KPI predefinidos. Este proceso de evaluación dinámico y continuo retroalimenta la estrategia de marketing y conduce a ajustes y cambios cuando surge la necesidad.

Liderazgo y alineación organizacional

Una CMO no funciona en el vacío. Para cumplir eficazmente con los aspectos mencionados anteriormente, un CMO de alto rendimiento debe proporcionar un liderazgo inclusivo y garantizar la alineación de todos los procesos y equipos operativos con la estrategia general de marketing.

A través de un liderazgo inclusivo, el CMO fomenta una cultura diversa que conduce a nuevas ideas, colaboración y crecimiento individual que, en última instancia, conduce a mejores decisiones de marketing. Al alinear la organización, el CMO garantiza que cada miembro, independientemente de su función, comprenda cómo su trabajo contribuye al panorama más amplio de la estrategia de marketing.

En conclusión, el camino para convertirse en un CMO de alto rendimiento implica comprender el rol, determinar y utilizar las métricas correctas, crear caminos estratégicos y liderar y alinear la organización. Estos aspectos implican pensamiento estratégico, acción decisiva, comunicación efectiva y habilidades de liderazgo. Si bien puede parecer abrumador, con la preparación adecuada, la autoconciencia y la mejora constante, uno puede sobresalir en el papel de director de marketing.

V. Tácticas de liderazgo para los CMO

Comprender el papel de la inteligencia emocional

Como director de marketing (CMO), usted ocupa un puesto ejecutivo que ejerce una gran influencia y control sobre las iniciativas de marketing de una organización. Este puesto, si bien confiere mucho poder y responsabilidad, también puede presentar una gran cantidad de desafíos que pueden resultar desalentadores incluso para el profesional más experimentado. Sin embargo, con las tácticas de liderazgo adecuadas, como el desarrollo de la inteligencia emocional, un CMO no sólo puede afrontar estos desafíos de forma eficaz, sino también generar cambios transformadores en los esfuerzos de marketing de la organización.

¿Qué es la Inteligencia Emocional?

La inteligencia emocional, a veces denominada EQ (cociente emocional), es la capacidad de comprender, gestionar y expresar eficazmente los propios sentimientos, así como de interactuar y navegar con éxito con los de los demás. En esencia, tener inteligencia emocional significa tener habilidades para percibir, controlar y evaluar las emociones, tanto las nuestras como las de las personas que nos rodean. Este es un aspecto crítico del liderazgo, particularmente para los CMO, que a menudo necesitan motivar equipos, gestionar el estrés, navegar por la política organizacional y tratar eficazmente con clientes y partes interesadas.

¿Cómo influye la inteligencia emocional en la eficacia de un CMO?

Las investigaciones han demostrado que la inteligencia emocional es dos veces más importante para el éxito del liderazgo que la capacidad cognitiva y la habilidad técnica. Esto es especialmente cierto para los CMO, cuya función implica una gran interacción interpersonal y colaboración con diferentes equipos, partes interesadas y clientes. Un CMO con alta inteligencia emocional puede utilizar su comprensión de las emociones para influir positivamente en las personas con las que trabaja, llevando a su equipo a niveles más altos de productividad, fomentando dinámicas relacionales, influyendo en las decisiones de la alta dirección e interactuando con los clientes.

Equipos motivadores

Los CMO emocionalmente inteligentes son astutos a la hora de gestionar sus propias emociones y también pueden reconocer e influir en las emociones de los miembros de su equipo. Al demostrar empatía, pueden elevar la moral del equipo, mejorando la colaboración y la productividad.

Manejando el estrés

Los programas de marketing pueden ser estresantes, con plazos ajustados y objetivos ambiciosos. Un CMO emocionalmente inteligente es más capaz de gestionar su propio estrés y puede modelar ese comportamiento para su equipo, ayudando a fomentar un entorno tranquilo y productivo incluso ante los desafíos.

Navegando por la política organizacional

La participación en la toma de decisiones de alto nivel a menudo expone a los CMO a la política de oficina. Los líderes emocionalmente inteligentes pueden navegar por estas aguas, comprender diferentes personalidades y motivaciones, cultivar aliados influyentes y abordar los conflictos de manera constructiva.

Trato con clientes y partes interesadas

Desde comprender las necesidades de los clientes hasta gestionar las expectativas de las partes interesadas, la Inteligencia Emocional mejora enormemente la capacidad de un CMO para construir y mantener relaciones sólidas y positivas.

Cinco componentes de la inteligencia emocional para los CMO

El psicólogo Daniel Goleman, fundador del concepto de Inteligencia Emocional, identificó cinco elementos clave de la inteligencia emocional: autoconciencia, autorregulación, motivación, empatía/simpatía y habilidades sociales.

1. **Autoconciencia** : un CMO con alto EQ es consciente de sí mismo y tiene la capacidad de reconocer sus propios sentimientos. Entienden cómo sus emociones afectan sus pensamientos y comportamientos personales y su impacto en los demás.
2. **Autorregulación** : los líderes emocionalmente inteligentes pueden gestionar y controlar las emociones sin problemas y desempeñarse en situaciones estresantes. Están dispuestos a asumir la responsabilidad de sus acciones, pueden adaptarse al cambio con facilidad y mantener la integridad en todo momento.
3. **Motivación** : un CMO motivado con alta inteligencia emocional fomenta una atmósfera organizacional positiva, capacitadora y productiva. Están motivados para lograr más allá de las expectativas e inspirar la misma motivación en su equipo.
4. **Empatía/Simpatía** : Los CMO empáticos tienen la capacidad de comprender o sentir lo que otra persona está experimentando desde su perspectiva. Esta capacidad les ayuda a establecer conexiones con las personas, comprender sus necesidades y, en última instancia, gestionar las relaciones de forma más eficaz.
5. **Habilidades sociales** : la comunicación eficaz es un elemento crucial del trabajo de un CMO. Los líderes con un alto EQ comprenden los matices de la

comunicación, son hábiles para gestionar relaciones, gestionar disputas, inspirar e influir en otros para obtener mejores resultados.

Capítulo VI: Construyendo Inteligencia Emocional como CMO

En el próximo capítulo, profundizaremos en las estrategias y tácticas que pueden ayudar a los CMO a mejorar su inteligencia emocional. Aprenderemos a definir estrategias que ayuden a gestionar el estrés, liderar con empatía, perfeccionar las habilidades sociales y motivar equipos, aspectos clave que contribuyen a convertirse en un CMO de alto rendimiento.

Aprovechar las habilidades de liderazgo para impulsar el crecimiento organizacional

Como director de marketing (CMO), usted se encuentra en una posición privilegiada para incorporar estrategias de liderazgo que pueden crear cambios significativos dentro de su equipo y tener un profundo impacto en el crecimiento de la organización. Si bien la naturaleza exacta de las tácticas de liderazgo puede variar según la cultura y los objetivos de su organización, algunas técnicas efectivas pueden mejorar consistentemente el desempeño, inspirar innovación y fomentar la cohesión del equipo.

Influencia y persuasión

Las estrategias dependen de su capacidad para influir en las partes interesadas clave, presentar argumentos con evidencia convincente y persuadir a que se tomen medidas.

El CMO moderno debe sobresalir en habilidades sociales junto con habilidades duras; Ya no basta con ser principalmente un experto técnico. Como líder influyente, los CMO necesitan construir una base de apoyo amplia, demostrar pensamiento estratégico y sintetizar datos complejos en conocimientos prácticos. Esto puede fortalecer las relaciones con su equipo, alinear las estrategias de marketing con la visión de la organización y mostrarle al liderazgo que está impulsando iniciativas de marketing de manera efectiva.

Desarrollar equipos de alto rendimiento

Formar un equipo de alto rendimiento es crucial para implementar estrategias con éxito. Esto implica identificar el talento dentro de su equipo, cultivar sus habilidades y crear un entorno que fomente la colaboración y la innovación. Explorar las fortalezas y debilidades de los miembros de su equipo le permite asignar tareas que refuerzan su competencia y fomentan el desarrollo. Además, los programas de tutoría pueden fomentar el aprendizaje y el crecimiento profesional, mejorando su lealtad y compromiso con la empresa.

Comunicación

El liderazgo puede fallar sin una comunicación efectiva. Como CMO, tus habilidades de comunicación deben ser de primer nivel para articular tu visión, inspirar a tu equipo y convencer a los líderes. Esto implica múltiples formas de comunicación, desde realizar una presentación poderosa a los altos ejecutivos hasta brindar comentarios constructivos a los miembros de su equipo.

Toma de decisiones

Los CMO tienen que tomar decisiones difíciles, a menudo sin información completa. Estas decisiones pueden afectar significativamente a su equipo y al desempeño de la organización. Desarrollar habilidades sólidas para tomar decisiones puede ser crucial. Esto implica analizar los datos disponibles, considerar varias perspectivas, pronosticar el impacto potencial de su decisión y ser adaptable para cambiar de rumbo si es necesario.

La resolución de conflictos

Pueden surgir conflictos: entre miembros del equipo, entre marketing y otros departamentos, o entre estrategias de marketing y objetivos de la empresa. Como CMO, su capacidad para mediar, encontrar puntos en común y resolver conflictos puede ser crucial para mantener a su equipo unificado y encaminado.

Resiliencia

El papel de un CMO puede ser desafiante, con grandes expectativas y cambios constantes. La resiliencia, la capacidad de recuperarse después de los desafíos, puede ser una cualidad esencial del liderazgo. Esto implica mantener una moral positiva, demostrar determinación y comunicar una visión clara.

Inteligencia emocional

La Inteligencia Emocional (EQ) a menudo se pasa por alto en los roles de liderazgo, pero es una contribución para impulsar el desempeño. Un EQ alto le permite comprender y gestionar sus emociones, empatizar con los miembros de su equipo y construir relaciones sólidas. Esto implica autoconciencia, autorregulación y habilidades sociales.

En resumen, un CMO de alto rendimiento aprovecha varias tácticas de liderazgo para impulsar el crecimiento organizacional. Estas estrategias son una combinación de habilidades duras y blandas, que se centran en influir en los demás, desarrollar un equipo de alto rendimiento, comunicación, toma de decisiones, resolución de conflictos, resiliencia e inteligencia emocional. Al dominar estas tácticas, podrá mejorar su influencia como CMO y contribuir significativamente al éxito de su organización.

Subsección: Cultivar un liderazgo visionario como CMO de alto rendimiento

Los directores de marketing (CMO) exitosos son más que simples jefes de departamento. Son visionarios, estrategas y líderes que constantemente dan forma y ejecutan ideas críticas que marcan el camino. Al igual que un director que dirige una orquesta hacia la armonía, un CMO de alto rendimiento guía a su equipo hacia el logro colectivo con sus tácticas de liderazgo informadas pero innovadoras. Esta subsección explorará estrategias, métricas y caminos clave que los CMO deben emprender para mantener el timón en el siempre cambiante mundo del marketing.

Definición de métricas de éxito

Medir el éxito es, en esencia, una actividad vial: requiere un destino, un mapa para guiar el camino y marcadores para seguir el progreso. De manera similar, los CMO de alto rendimiento definen sus métricas de éxito para visualizar sus objetivos, trazar estrategias para alcanzarlos y monitorear su progreso a lo largo del viaje.

1. **Alineación de la visión**: sus métricas deben alinearse con la misión y la visión de su organización. El grado de armonía entre sus objetivos de marketing y los objetivos generales de la empresa representa una métrica importante de éxito.
2. **ROI y rentabilidad:** se deben analizar el crecimiento de los ingresos, la generación de leads y las tasas de retención de clientes. Los CMO deben centrarse en métricas que demuestren el retorno de las inversiones en marketing (ROMI) y el impacto en el margen de beneficio de la empresa.
3. **Métricas de rendimiento de marketing:** medidas como el valor de vida del cliente (CLTV), el costo por adquisición (CPA), las tasas de conversión, el conocimiento de la marca y la satisfacción general del cliente son factores vitales para medir el éxito de una campaña de marketing.
4. **Métricas digitales:** los CMO no deben pasar por alto el ámbito de las métricas de marketing digital, incluidos los visitantes únicos del sitio web, las clasificaciones de SEO, las tasas de participación en las redes sociales, las tasas de apertura de correos electrónicos y las tasas de clics.

Desarrollar caminos de liderazgo: el enfoque 3P

1. **Personas:** los CMO deben seleccionar, capacitar y gestionar meticulosamente su equipo de marketing. Deben fomentar una cultura inclusiva y diversa en el lugar de trabajo para reunir perspectivas e ideas variadas.
2. **Proceso:** los CMO de alto rendimiento dependen en gran medida de procesos establecidos. Un proceso de marketing definitivo, ya sea para gestión de campañas, fomento de clientes potenciales o automatización de marketing, permite coherencia y

eficiencia, garantizando que las iniciativas se cumplan según lo planeado dentro del plazo designado.

3. **Asociaciones:** construir relaciones dentro de toda la organización y alianzas externas es fundamental. La asociación con otros departamentos crea un enfoque de marketing integrado, mientras que los socios externos (agencias, proveedores) pueden ofrecer habilidades especializadas y conocimientos del mercado.

Estrategias de liderazgo para CMO

1. **Abrace el cambio:** el mundo del marketing evoluciona continuamente, por lo que es vital adaptarse al cambio y alentar a los equipos a hacer lo mismo. Los CMO deben mantenerse al tanto de las tendencias de la industria e incorporar nuevas tecnologías y plataformas en sus estrategias de marketing.
2. **Toma de decisiones basada en datos:** un CMO de alto rendimiento aprovecha el análisis de datos para comprender el comportamiento de los clientes, mejorar los productos, manejar crisis y tomar decisiones informadas.
3. **Comunicación y colaboración:** los CMO deben practicar la comunicación abierta, animando a los equipos a compartir opiniones, ideas y comentarios. La colaboración dentro y fuera del departamento puede fomentar ideas innovadoras y mejorar las campañas de marketing.
4. **Enfatice la experiencia del cliente:** poner a los clientes al mando de la estrategia de marketing es clave. Esto implica analizar el comportamiento de los clientes, comprender sus preferencias y ofrecer experiencias personalizadas.

En conclusión, ser un CMO de alto rendimiento requiere una combinación de pensamiento estratégico, liderazgo visionario y perspicacia analítica. No existe una hoja de ruta hacia la cima, pero al aprovechar estas tácticas de liderazgo, los CMO pueden recorrer con éxito el desafiante viaje y, en última instancia, guiar al departamento de marketing y a la organización hacia un futuro de crecimiento sostenido.

V.5 Adoptar el coaching como táctica de liderazgo para los CMO

A medida que el director de marketing (CMO) aborda la función de liderazgo, un factor crítico que debe adoptar es el coaching. *El coaching de liderazgo* es un enfoque en el que el líder se centra en el crecimiento potencial de sus subordinados y los guía hacia la mejora de sus habilidades, capacidades y desempeño. Se trata de dirigir y nutrir, no sólo de dictar.

En primer lugar, **es fundamental adoptar una mentalidad de coaching** . Como CMO, es fundamental comprender que el coaching no consiste en decirle a la gente qué hacer o cómo hacer su trabajo. Más bien, se trata de hacer las preguntas adecuadas para provocar el pensamiento, promover el autodescubrimiento y fomentar la superación personal. Una mentalidad de coaching se basa en la creencia de que todos tienen el potencial de crecer y que el papel del líder es facilitar ese crecimiento.

Establecer un camino claro para el desarrollo también es un componente crucial en su enfoque de coaching. Desarrollar planes de desarrollo individuales para su equipo garantiza que cada miembro tenga una hoja de ruta para el crecimiento. Estos planes deben basarse en las metas personales y profesionales de los empleados, alineándose con los objetivos generales de la empresa. Una inversión tan directa en el futuro de los miembros de su equipo crea motivación y mejora la productividad en su departamento de marketing.

Un aspecto integral de un enfoque de liderazgo en coaching es su enfoque en la comunicación . La comunicación eficaz genera ideas, creatividad y fomenta el crecimiento individual y de equipo. Y no se trata sólo de hablar sino también de escuchar, hacer preguntas, dar retroalimentación y ofrecer orientación. Significa fomentar un entorno en el que todos se sientan escuchados, valorados y capacitados para contribuir lo mejor que puedan.

La medición y la evaluación también son cruciales . Definir de antemano estándares claros y expectativas de desempeño ayuda a garantizar que todos sepan para qué están trabajando y cómo serán evaluados. Con base en estas métricas, se puede brindar retroalimentación constructiva para ayudar a los miembros del equipo a trabajar para alcanzar sus objetivos y mejorar constantemente.

Un enfoque de coaching para el liderazgo también **exige dar un paso atrás y permitir que su equipo se apropie de su trabajo** . Confiarles la toma de decisiones les imparte autonomía y responsabilidad, motivándolos a desempeñarse mejor y creando un sentido de pertenencia.

Por último, pero no menos importante, todo buen entrenador sabe la importancia de **fomentar la resiliencia** . Los desafíos, los fracasos y los reveses son parte de cada viaje, y su trabajo como CMO es alentar a los miembros de su equipo a levantarse, aprender de estas experiencias y avanzar con mayor determinación.

Por lo tanto, el papel del liderazgo en la gestión de marketing, especialmente el papel de los CMO, exige algo más que tácticas de gestión. Valora el coaching como un enfoque transformador para sacar lo mejor de un equipo, aprovechando sus habilidades y guiándolos hacia el crecimiento colectivo e individual. Al adoptar el coaching como táctica de liderazgo, los CMO pueden inspirar a sus equipos a ser más creativos, innovadores y mensurables, contribuyendo a la visión y los objetivos más amplios de la empresa.

En conclusión, el coaching como táctica de liderazgo consiste en centrarse en el crecimiento de los empleados y construir un entorno alentador que fomente la comunicación, el conocimiento compartido y el aprendizaje continuo. Este estilo de liderazgo posiciona al CMO no sólo como un gerente, sino también como un mentor, guía y entrenador; en última instancia, impulsa el crecimiento organizacional, el alto rendimiento y el dinamismo en el panorama del marketing.

Este enfoque es paralelo a la premisa inculcada en nuestro libro: convertirse en un CMO de alto rendimiento. Un entrenador poderoso e innovador lidera un equipo poderoso e innovador, que genera resultados poderosos e innovadores. Por lo tanto, esfuércese por incorporar un estilo de liderazgo de coaching para liderar a su equipo de manera más efectiva, eficiente y ejemplar hacia el éxito.

Capítulo 12: Cultivar la inteligencia de liderazgo como CMO

En esta era de innovación disruptiva y evolución tecnológica, el papel de un director de marketing (CMO) no solo se ha diversificado sino que también se ha amplificado en su complejidad. Además de sus tareas tradicionales de desarrollo de marca e investigación de mercado, ahora también se espera que los CMO modernos tomen decisiones basadas en datos, utilicen técnicas de marketing dinámicas y generen resultados cuantificables. Son los estrategas clave que canalizan todas las facetas de una empresa hacia una dirección unificada. En este capítulo, exploramos los temas de inteligencia y tácticas de liderazgo que pueden ayudar a un CMO a ser eficaz y de alto rendimiento.

12.1: Elevando tu Inteligencia Emocional

La Inteligencia Emocional (IE) es esencial para cualquier rol de liderazgo. Para un CMO, perfeccionar la inteligencia emocional implica estar en sintonía no sólo con las emociones de su equipo sino también con los sentimientos, actitudes y valores de su público objetivo. La inteligencia emocional puede ayudar a crear narrativas convincentes que resuenen en los clientes y fomenten la lealtad. Esto requiere una empatía genuina y la capacidad de percibir el fundamento emocional de las tendencias del mercado y el comportamiento del consumidor.

12.2: Aplicación de la inteligencia de datos

Los avances en inteligencia artificial, big data y aprendizaje automático han transformado las prácticas de marketing en una disciplina científica basada en datos. El CMO moderno debería poder aprovechar esos conocimientos de datos para optimizar las estrategias comerciales. Necesitan adquirir habilidades en análisis de datos, predicción de tendencias, modelado del comportamiento del consumidor y dominar la comprensión e implementación de herramientas tecnológicas de marketing de vanguardia.

12.3: Desarrollar la agilidad del liderazgo

Un CMO de alto rendimiento debe ser ágil en su proceso de toma de decisiones. Deben ser capaces de responder con prontitud a las nuevas tendencias del mercado, los desafíos comerciales emergentes y las innovaciones tecnológicas. Una característica de un líder ágil incluye ser capaz de acelerar la toma de decisiones, elaborar estrategias flexibles y adaptarse al cambio de forma rápida y eficaz.

12.4: Promoción de la sinergia interfuncional

El papel de un CMO se extiende más allá del equipo de marketing. Implica coordinar con diferentes rincones de la organización, como equipos de ventas, TI, servicio al cliente y desarrollo de productos. Esto trae la necesidad de promover un liderazgo multifuncional para asegurar la alineación de la visión y los valores de la organización. Un CMO de alto rendimiento comprende que construir puentes entre departamentos y fomentar un entorno de colaboración maximizará el potencial general de la organización.

12.5: Liderazgo Ético y Responsabilidad Social

En un mundo donde las empresas son responsables de su huella social, los CMO deben orientar su marca hacia acciones responsables. Implica prácticas de marketing sostenibles, publicidad ética y promoción de la responsabilidad corporativa. Por lo tanto, el CMO moderno no es sólo un estratega sino también un custodio de la identidad ética de su organización.

12.6: Fomento de la innovación y la creatividad

Para mantenerse a la vanguardia en un mercado en constante evolución, los CMO deben fomentar la creatividad y la innovación. Tiene en cuenta el pensamiento divergente, la asunción de riesgos y el fomento de una cultura de experimentación y aprendizaje dentro del equipo.

En conclusión, ser CMO exige más que comprender las técnicas de marketing. Requiere combinar la sabiduría del liderazgo tradicional con la destreza estratégica moderna. Al cultivar la inteligencia de liderazgo, un CMO puede afrontar este papel desafiante y gratificante con gracia y eficacia, impulsando su organización hacia alturas sin precedentes. Los CMO de alto rendimiento son aquellos que pueden cerrar eficazmente la brecha entre la complejidad del rol y el dinamismo del mercado.

VI. Estrategias de marketing para el éxito

Estrategia No. 1: Dominar el marketing digital

En la era de los rápidos avances tecnológicos, un CMO de alto rendimiento debe mantenerse actualizado con las últimas tendencias y herramientas de marketing digital. Esto incluye optimización de motores de búsqueda (SEO), publicidad de pago por clic (PPC), marketing por correo electrónico, marketing de contenidos, marketing en redes sociales, marketing de afiliación y más. El marketing digital no sólo ayuda a llegar a una audiencia más amplia, sino que también ofrece una orientación precisa y análisis en tiempo real.

SEO y PPC

Las técnicas de SEO han demostrado ser eficaces para mejorar la visibilidad de su sitio web en los motores de búsqueda, mientras que el PPC le permite llegar a compradores potenciales a través de anuncios pagados. Ambos requieren una investigación profunda de las palabras clave, un análisis de la competencia y un seguimiento y ajustes continuos basados en métricas de rendimiento.

Correo de propaganda

A menudo se subestima el poder del marketing por correo electrónico. Es una de las formas más efectivas de nutrir clientes potenciales y convertirlos en clientes leales. Los correos electrónicos personalizados, las líneas de asunto que llamen la atención, el contenido atractivo y el momento adecuado son indicadores cruciales del éxito de esta estrategia.

Marketing de medios sociales

Con miles de millones de personas en plataformas como Facebook, Twitter, Instagram y LinkedIn, no se puede ignorar el marketing en redes sociales. Los CMO deben desarrollar una sólida estrategia de redes sociales que se alinee con la voz y los objetivos de su marca. Los CMO de alto rendimiento conocen la importancia de interactuar con su audiencia de forma regular y auténtica en estas plataformas.

Marketing de contenidos

El contenido de calidad es el rey del marketing digital. Los CMO de alto rendimiento entienden que crear y compartir continuamente contenido valioso es esencial para generar confianza con los consumidores. Pueden ser publicaciones de blog, infografías, libros electrónicos, vídeos, podcasts u otras formas de contenido que aporten valor.

Estrategia No. 2: Toma de decisiones basada en datos

Los CMO de alto rendimiento nunca toman decisiones basadas en suposiciones o intuiciones. Se basan en datos recopilados de diversas fuentes, como investigaciones de mercado, comentarios de los clientes, análisis de sitios web, conocimientos de redes sociales y otros canales relevantes. Este enfoque basado en datos para la toma de decisiones les permite comprender el comportamiento y las preferencias de los clientes, medir la eficacia de las estrategias de marketing y realizar ajustes si es necesario.

Estrategia No. 3: Construir y mantener relaciones con los clientes

Construir relaciones sólidas con los clientes es fundamental para el éxito de cualquier negocio. Los CMO de alto rendimiento tratan a los clientes como un activo, no como una transacción. Implementan estrategias para fomentar la comunicación, generar confianza y crear experiencias personalizadas. Esto incluye:

Personalización

Los CMO exitosos saben que los clientes aprecian las experiencias personalizadas. Segmentar a los clientes en función de sus preferencias, comportamiento o interacciones previas y luego adaptar los mensajes y ofertas en consecuencia puede mejorar la lealtad y la defensa del cliente.

Sistemas CRM

Los sistemas de gestión de relaciones con el cliente (CRM) brindan una visión holística de todas las interacciones con un cliente. Los CMO de alto rendimiento utilizan estos datos para mejorar las experiencias de los clientes, identificar oportunidades de ventas adicionales o cruzadas y prever posibles problemas que puedan surgir.

Estrategia No. 4: Asociaciones y Alianzas Estratégicas

La formación de asociaciones y alianzas estratégicas puede conducir al acceso de nuevos clientes, ingresar a nuevos mercados, compartir recursos y conocimientos e impulsar la reputación de la marca. Los CMO de alto rendimiento siempre están buscando oportunidades de asociación que se alineen con su marca y puedan proporcionar beneficios mutuos.

Al aplicar estas estrategias, un CMO puede aumentar significativamente su desempeño en el mercado competitivo. Sin embargo, el aprendizaje y la adaptación constantes son esenciales ya que las tendencias, los gustos y las tecnologías evolucionan continuamente, lo que requiere que los especialistas en marketing se adapten e innoven rápidamente.

El poder y el potencial de las estrategias basadas en datos

Un CMO astuto y de alto rendimiento comprende el valor de las decisiones basadas en datos. La importancia de los datos no puede subestimarse en la era digital actual. Empresas de todo el mundo están aprovechando este recurso para adaptar sus estrategias y lograr resultados específicos. Para un CMO, aprovechar los datos se traduce en diseñar estrategias de marketing personalizadas que brinden resultados significativos y mensurables.

Adoptando el análisis de datos

A veces se hace referencia a los datos como el "nuevo petróleo", debido a su papel fundamental a la hora de impulsar el crecimiento empresarial. Para los CMO, adoptar el análisis de datos no es sólo una opción: es una necesidad. Esto va más allá de la simple recopilación de datos sobre la actividad de los clientes. Implica un análisis profundo de los datos disponibles para obtener información que sea procesable y rentable.

Utilice herramientas de análisis de datos de clientes para segmentar su audiencia, comprender su comportamiento, adaptar sus campañas y predecir el comportamiento futuro de los clientes. Ayuda a iluminar áreas de expansión de productos, nuevos mercados y mejora de la experiencia del cliente.

Identificación y selección de métricas relevantes.

No todas las métricas son iguales y no todos los datos son útiles. La clave es ser capaz de distinguir entre lo que es realmente revelador y lo que es sólo ruido. Un CMO de alto rendimiento debe establecer KPI (indicadores clave de rendimiento) estratégicos relevantes para los objetivos de marketing de la empresa.

La elección de las métricas de marketing adecuadas a menudo requiere una evaluación cuidadosa. Considere métricas que cubran el alcance del marketing, el sentimiento de marca, la generación de clientes potenciales, las tasas de conversión, la retención de clientes y los ingresos.

Emplear marketing predictivo

Con los avances en el aprendizaje automático y la inteligencia artificial, el marketing predictivo se ha convertido en una parte importante de las estrategias de marketing basadas en datos. Esto implica el uso de datos y algoritmos para pronosticar resultados futuros.

El marketing predictivo puede ofrecer información valiosa sobre el comportamiento del cliente y el rendimiento de la campaña. Ayuda a diseñar estrategias de marketing de contenidos, establecer precios, segmentar clientes, gestionar recursos y optimizar el desarrollo de productos.

Implementación de marketing personalizado

Quizás el aspecto más impresionante del aprovechamiento de los datos en el manual estratégico de un CMO es la "personalización". Los clientes de hoy esperan experiencias personalizadas y los datos son la forma de brindarlas.

Al emplear datos estratégicamente, los especialistas en marketing pueden segmentar las audiencias a un nivel granular, lo que permite una interacción verdaderamente personalizada. Los estudios demuestran que los correos electrónicos personalizados y el marketing de contenidos tienen mayores tasas de participación y conversión que los mensajes genéricos.

Defender la transparencia y el cumplimiento de los datos

Dado que las violaciones de datos y las preocupaciones sobre la privacidad son cada vez más prominentes, el enfoque en las prácticas éticas de datos se ha vuelto crítico. Un CMO de alto rendimiento debe defender el manejo, almacenamiento y uso cuidadoso de los datos de una manera que respete la privacidad del cliente y cumpla con las regulaciones vigentes. Esto no sólo protege legalmente a su empresa, sino que también genera confianza en el cliente, un activo valioso en cualquier estrategia de marketing.

En conclusión, el potencial de una estrategia basada en datos es multifacético y significativo. La clave para convertirse en un CMO de alto rendimiento radica en aprovechar con éxito los datos para tomar decisiones estratégicas, mejorar la experiencia del cliente, impulsar el crecimiento de la marca y, en última instancia, ofrecer un valor empresarial inequívoco.

Formas innovadoras de maximizar la estrategia de marketing digital

A medida que el mundo digital continúa evolucionando a un ritmo vertiginoso, el papel del CMO también debe adaptarse a esta transformación digital. Convertirse en un CMO de alto rendimiento en la era digital actual implica actualizar periódicamente sus habilidades para mantenerse a la vanguardia de las tendencias del mercado y los cambios de los consumidores. Un CMO de alto rendimiento no sólo debe comprender los fundamentos esenciales del marketing, sino también la integración rentable de las estrategias digitales.

1. Adopte el marketing basado en datos

No se puede subestimar la importancia de los datos en el ecosistema digital actual. Para un CMO de alto rendimiento, el éxito radica en comprender plenamente el poder de los datos y cuál es la mejor manera de utilizarlos. Un CMO exitoso utilizará datos para dar forma a la estrategia, informar decisiones y medir el éxito. El marketing basado en datos facilita información clave sobre el comportamiento y las preferencias de los clientes, lo que le permite crear campañas atractivas y personalizadas.

2. Invierta en tecnología de marketing

La tecnología de marketing, o MarTech, es crucial para automatizar tareas, optimizar los esfuerzos de marketing y analizar el rendimiento. Los CMO de alto rendimiento explorarán diversas herramientas para diferentes áreas del marketing. Desde herramientas de CRM que capturan las interacciones de los clientes hasta plataformas de análisis que describen el éxito de las campañas de marketing, incorporar tecnología a su estrategia puede mejorar significativamente la eficiencia y eficacia del marketing.

3. Cultivar un enfoque omnicanal

En la era de los consumidores digitales, una estrategia de marketing aislada no será suficiente. Los consumidores interactúan con las marcas a través de múltiples canales, desde las redes sociales hasta correos electrónicos y sitios web. Un CMO de alto rendimiento deberá garantizar una experiencia coherente y personalizada en todos estos canales. Una estrategia omnicanal eficaz no sólo aumenta la participación del cliente sino que también cultiva su lealtad.

4. Invierta en marketing de contenidos

En esta era de la información, el contenido es el rey. El marketing de contenidos consiste en crear y distribuir contenido valioso y relevante para atraer, involucrar y adquirir una audiencia claramente definida. Para un CMO de alto rendimiento, aprovechar el marketing de contenidos es una manera perfecta de comunicarse con el público y generar autoridad de marca. Recuerde, entregar el contenido adecuado en el momento adecuado a la audiencia adecuada puede mejorar significativamente sus resultados de marketing.

5. Aprovecha las redes sociales

Las plataformas de redes sociales son una parte crucial de la estrategia de un CMO de alto rendimiento. Ofrecen una amplia base de audiencia, con diversos intereses y grupos demográficos, lo que presenta una oportunidad lucrativa para el marketing dirigido. Los CMO inteligentes utilizan plataformas de redes sociales para interactuar con su audiencia, amplificar los mensajes de la marca y comprender el comportamiento de los clientes.

6. Dominar el SEO

Los clientes modernos recurren a los motores de búsqueda para todo. Por esta razón, un CMO de alto rendimiento debe estar al tanto de las estrategias de SEO. Esto va más allá de insertar palabras clave y trabajar en vínculos de retroceso; se trata de crear contenido de calidad, optimizarlo para la búsqueda móvil y mucho más. Mejorar su clasificación en los resultados de búsqueda aumenta la visibilidad, la credibilidad y, a su vez, la conversión de clientes.

En conclusión, convertirse en un CMO de alto rendimiento en la era digital actual implica un proceso de aprendizaje continuo. Al adoptar el marketing basado en datos, invertir en MarTech, cultivar un enfoque omnicanal, aprovechar el marketing de contenidos, las redes sociales y dominar el SEO, un CMO de alto rendimiento puede crear estrategias de marketing impactantes que innoven, resuenen y, en última instancia, conduzcan al éxito.

El papel de la transformación digital en las estrategias de marketing radiantes

La transformación digital ya no es una estrategia opcional para las corporaciones; se ha convertido en un componente integral del éxito en todas las industrias. Como director de marketing (CMO), adoptar esta alteración es el camino de ladrillos amarillos que lleva a su marca a la tierra de la participación del cliente, la obtención de cuotas de mercado, mayores ingresos y un éxito sostenible.

La integración de estrategias digitales es un imperativo para que los CMO aprovechen los conocimientos profundos de los clientes, mejoren la experiencia del cliente y optimicen la eficiencia operativa. A través de la infusión de tecnología, los CMO pueden obtener una comprensión precisa de su audiencia, lo que permite una comunicación hiperpersonalizada que resuena con el usuario, fomentando la lealtad y la promoción del cliente.

Liderando la experiencia del cliente

Las plataformas de marketing digital han transformado las operaciones de marketing tradicionales, permitiendo a las empresas involucrar a los clientes en diversos puntos de contacto e interpretar datos para tomar decisiones estratégicas informadas. La utilización de estas plataformas brinda a los CMO la capacidad de mapear los viajes de los clientes y garantizar una voz de marca consistente a lo largo de su interacción con la marca. Los canales de marketing interactivos también han mejorado las operaciones de marketing en tiempo real, permitiendo la interacción inmediata entre el cliente y la marca.

La Inteligencia Artificial (IA) juega un papel importante en la gestión de la experiencia del cliente. Al combinar algoritmos de aprendizaje automático y datos de clientes, las marcas ahora pueden anticipar las necesidades de los clientes y mejorar su proceso de compra. El análisis predictivo puede decodificar patrones en el comportamiento de compra de los clientes, guiando al departamento de producción y finanzas para alinear sus procesos en consecuencia.

Repensar la publicidad tradicional

La transformación digital ha redefinido la publicidad en su conjunto. Internet ha allanado el camino para la proliferación de las redes sociales, alterando la forma en que los clientes perciben los anuncios. La publicidad en Internet ha permitido a las marcas ofrecer contenido centrado en el cliente y, al mismo tiempo, reducir significativamente los costos en comparación con los métodos tradicionales. Las plataformas de redes sociales han permitido que la segmentación, la focalización y el posicionamiento sean más refinados que nunca.

Además, el auge del marketing de influencers, en el que los influencers promocionan productos, ha generado una esfera de marketing más confiable. Los clientes prefieren la interacción personal y las recomendaciones más que los anuncios automatizados, lo que hace que el marketing de influencers sea un movimiento estratégico prometedor.

Adoptar conocimientos de datos

Infundir estrategias digitales en su modelo de negocio permite el seguimiento automático del rendimiento de las métricas. Los datos recopilados de sitios web, redes sociales, sistemas CRM y otras fuentes permiten a los especialistas en marketing obtener información completa sobre cada aspecto del negocio.

Tradicionalmente, los especialistas en marketing tenían que recopilar una gran cantidad de datos, examinarlos manualmente y hacer suposiciones basadas en tendencias a nivel macro. Sin embargo, las plataformas de análisis avanzadas actuales pueden procesar datos a gran escala y obtener información útil que influye en las decisiones de marketing en tiempo real.

Los especialistas en marketing ahora pueden realizar un seguimiento de las interacciones específicas con los clientes que conducen a conversiones y determinar qué combinación de marketing es mejor. Además, los algoritmos predictivos pueden pronosticar tendencias futuras, equipando al equipo de marketing para elaborar estrategias basadas en los conocimientos derivados.

Conclusión

Adoptar la transformación digital enriquece la estrategia general de marketing. Ya sea mejorando la experiencia del cliente, repensando la publicidad o adoptando conocimientos de datos, la infusión de tecnología cambia las reglas del juego para las empresas. Como CMO de alto rendimiento, aprovechar las estrategias digitales le dará una ventaja competitiva a su empresa, ubicándola a la vanguardia de su industria.

Módulo 1: Comprender el papel de las estrategias de marketing integradas

En la era tecnocrática moderna, el papel de un CMO de alto rendimiento trasciende más allá del marketing tradicional. Se encuentra en la intersección de conocimientos profundos del cliente, adaptabilidad tecnológica e innovación estratégica. Se trata de integrar canales de marketing convencionales con plataformas digitales para crear estrategias de marketing fluidas.

En un mundo donde los consumidores tienen toda la información que necesitan al alcance de su mano, el poder ha pasado de las empresas a manos de los consumidores. Como resultado, la capacidad de atraer, involucrar, retener y convertir a los consumidores en clientes leales ahora está en manos de estrategas de marketing que comprenden la importancia de un plan de marketing bien orquestado.

Las estrategias de marketing fluidas implican la creación de un enfoque centrado en el cliente que garantice que cada punto de contacto que un cliente tiene con su marca esté armonizado. Esto implica integrar todos los canales de marketing (físicos y digitales) para entregar un mensaje de marca unificado, coherente y consistente que agregue valor al recorrido del cliente.

Reconociendo el poder de los datos y la tecnología

En la era del marketing digital, el análisis avanzado y la inteligencia artificial se han convertido en parte integral de la formulación de estrategias basadas en datos. Como CMO, es clave apreciar el poder de los datos para obtener información significativa sobre el comportamiento, las percepciones, las necesidades y las preferencias de los clientes.

Los avances tecnológicos han hecho posible ofrecer experiencias personalizadas a los clientes, lo que aumenta significativamente la satisfacción y lealtad del cliente. Un CMO eficaz debe estar a la vanguardia del aprovechamiento de la tecnología para crear iniciativas de marketing específicas que resuenen con el cliente a nivel personal.

Cultivar una cultura de innovación

Muchos expertos sostienen que en un panorama de mercado que cambia rápidamente, la capacidad de innovar es lo que separa a las empresas exitosas de su competencia. Como CMO de alto rendimiento, cultivar una cultura de innovación dentro del departamento de marketing y en toda la organización debería ser una máxima prioridad.

La innovación aquí se refiere no sólo a la innovación de productos o servicios, sino también a las formas de comercializar y llegar a los consumidores. Experimentar con diferentes canales de marketing, técnicas de segmentación y estrategias promocionales es crucial para mantener la relevancia de la marca en un mercado cada vez más competitivo.

Establecer relaciones digitales y personales

Con el auge de las redes sociales y otros puntos de contacto digitales, a los consumidores les resulta fácil conectarse directamente con las marcas. Los CMO deberían aprovechar esta oportunidad para construir relaciones digitales que resulten personales para el consumidor.

Esto implica comunicación constante, compromiso genuino y rápido servicio al cliente. Al responder rápidamente a las consultas y comentarios de los clientes, les demuestra que sus opiniones y satisfacción son importantes para la empresa. Esto ayuda a generar confianza y lealtad, e incluso a convertir a los consumidores en defensores de la marca.

Medición del ROI y KPI

Tan crucial como diseñar e implementar estrategias de marketing es medir el retorno de la inversión (ROI) de esas estrategias. Esto ayuda a identificar las estrategias que están resultando efectivas y aquellas que deben optimizarse o descartarse.

Más allá de las métricas financieras, los CMO también deben realizar un seguimiento de los indicadores clave de rendimiento (KPI), como las puntuaciones de satisfacción del cliente, las tasas de retención de clientes y la visibilidad de la marca, entre otros. Estos proporcionarán una visión holística del impacto de sus estrategias de marketing en su marca y el desempeño empresarial.

En conclusión, convertirse en un CMO de alto rendimiento requiere una comprensión del mercado y entusiasmo por tomar decisiones impulsadas por el consumidor. Se trata de brindar un liderazgo que inspire al equipo de marketing a diseñar estrategias que creen valor a largo plazo para la marca. Con estrategias de marketing fluidas, un panorama de mercado en evolución se vuelve menos un desafío y más una oportunidad de crecimiento y éxito.

VII. Construyendo y liderando equipos de alto desempeño

Capítulo 23: Fomentar una cultura de logros colaborativos

Los logros son vitales en cualquier entorno profesional, pero los logros colaborativos son el ingrediente secreto en los equipos de alto rendimiento. Como director de marketing (CMO), fomentar una cultura en la que los equipos trabajen de forma coherente y eficaz para lograr objetivos compartidos puede marcar la diferencia entre un rendimiento medio y un rendimiento fenomenal.

Definir y comunicar los objetivos del equipo

Un equipo de alto rendimiento necesita una comprensión clara de hacia qué está trabajando. Como CMO, debe tomar la iniciativa en el establecimiento de objetivos de equipo que estén alineados con los objetivos más amplios de la empresa y comunicarlos de manera efectiva entre los equipos. Los objetivos no sólo deben ser cuantificables y medibles, sino también motivadores para movilizar al equipo hacia su consecución.

Además, no se puede subestimar la importancia de la transparencia; Cada miembro del equipo debe comprender su papel individual al contribuir a estos objetivos del grupo. Los debates abiertos y las sesiones periódicas de retroalimentación facilitan esta comprensión y crean un sentido de propósito compartido.

"Ir juntos es un comienzo. Mantenerse unidos es progreso. Trabajar juntos es el éxito". – Henry Ford

Cultivar la confianza y la seguridad psicológica

La revisión interna de alto perfil de Google, Proyecto Aristóteles, destacó la seguridad psicológica como el factor más crucial en el desempeño del equipo. Básicamente, los empleados deben confiar en que pueden hablar, cometer errores o proponer nuevas ideas sin temor a represalias, críticas o vergüenza. Como líder, su función es fomentar este entorno: promover la apertura, respetar todas las contribuciones y reconocer que todos pueden (y cometerán) errores. Se trata de crear una atmósfera en la que los desafíos se vean como oportunidades, no como amenazas.

"Ninguno de nosotros es tan inteligente como todos nosotros". —Ken Blanchard

Fomentar la colaboración entre equipos

Un CMO debe ir más allá del pensamiento aislado fomentando la colaboración y las interacciones entre diferentes departamentos. El marketing está interconectado con el desarrollo de productos, las ventas, el servicio al cliente y más; por lo tanto, tener una cultura cooperativa en la que los equipos discutan, se alineen y solucionen problemas de manera constructiva puede crear campañas más integradas y poderosas. Las reuniones interdepartamentales periódicas y los canales de comunicación abiertos pueden facilitar esto.

Construyendo un ambiente de aprendizaje

La complacencia mimada puede frenar el crecimiento. Un equipo de alto rendimiento busca la mejora continua y mantiene una mentalidad de aprendizaje. Como CMO, es necesario fomentar un entorno que fomente las iniciativas de aprendizaje: programas de capacitación, talleres, esquemas de tutoría y acceso a líderes de opinión o figuras inspiradoras dentro de la industria. El aprendizaje continuo mantiene a los equipos versátiles, holísticos en su comprensión y siempre listos para adaptarse en nuestra industria acelerada y en constante evolución.

Empoderar a los miembros del equipo

Un equipo empoderado es aquel que tiene la autoridad y autonomía para tomar decisiones. Esto no sólo aumenta la eficiencia y la adaptabilidad, sino que también aumenta la satisfacción y el compromiso laboral. Significa proporcionar a los equipos los recursos y la orientación necesarios y luego confiar en ellos para ejecutar las tareas. La microgestión debilita la moral y la productividad, pero las personas empoderadas se sienten valoradas y es más probable que contribuyan con su mejor esfuerzo para lograr los objetivos del equipo.

Reconocer y recompensar el éxito

Por último, reconocer y recompensar los éxitos individuales y del equipo es fundamental. Fomenta la motivación, la satisfacción laboral y la lealtad, al mismo tiempo que crea una cultura impulsada por el desempeño. Premios, elogios verbales, bonificaciones lucrativas y ascensos son algunos métodos para reconocer el trabajo sobresaliente.

La implementación de estas estrategias no garantiza una transformación de la noche a la mañana, pero con perseverancia y un liderazgo eficaz, establecen las bases para una cultura de equipo de alto rendimiento. Al fomentar la colaboración, los equipos se vuelven más que la suma de sus partes: se convierten en una unidad de alto funcionamiento capaz de lograr resultados excepcionales.

La importancia de la cultura laboral colaborativa para equipos de alto rendimiento

El equipo de alto rendimiento de hoy en día es un grupo diverso de personas, cada una de las cuales aporta un conjunto de habilidades, experiencias y perspectivas únicas. El objetivo es aprovechar estas diferencias para impulsar la innovación y el desempeño de manera efectiva. Sin embargo, lograrlo no es una tarea sencilla. Requiere una cultura de trabajo bien definida basada en el respeto mutuo, la confianza y la colaboración. La naturaleza de esta cultura laboral depende en gran medida de los valores y principios propagados por el CMO (Chief Marketing Officer).

1. Fomentar la unidad a través de la diversidad y la inclusión

Un equipo de alto rendimiento necesita dar cabida a pensamientos diversos y perspectivas diferentes. Esta diversidad puede impulsar la creatividad y el crecimiento. Sin embargo, también puede dar lugar a conflictos si no se gestiona de forma eficaz. Como CMO de alto rendimiento, es esencial fomentar un entorno inclusivo donde todos se sientan valorados. Esto se refuerza al definir y comunicar

objetivos de equipo claros que se alineen con las fortalezas
y aspiraciones individuales. Luego, reforzando la idea de
que cada miembro contribuye individualmente al éxito del
equipo.

Es fundamental celebrar la diversidad en lugar de permitir
que se convierta en una fuente de división. Fomente
actividades de formación de equipos, oportunidades de
capacitación cruzada y cree plataformas para una
comunicación fluida. Esto podría incluir la organización de
reuniones periódicas de equipo, la habilitación de canales
de retroalimentación constructiva y la promoción de
iniciativas de diversidad.

2. Garantizar una comunicación eficaz

Los equipos de alto rendimiento prosperan con una
comunicación abierta, franca y continua. La responsabilidad
recae en el CMO de inculcar una cultura de comunicación
en la que todos se sientan seguros y cómodos compartiendo
ideas, comentarios e inquietudes. La comunicación regular
uno a uno con los miembros del equipo es igualmente
importante para abordar problemas individuales y mantener
el pulso sobre la salud del equipo.

Igualmente importante es la clara articulación de los
objetivos y expectativas del equipo desde el principio. Los
objetivos establecidos deben ser INTELIGENTES:
específicos, mensurables, alcanzables, realistas y basados
en el tiempo, alineados con el plan estratégico general de la
empresa.

3. Promoción de una cultura de aprendizaje e innovación

El equipo de alto rendimiento necesita estar aprendiendo e innovando continuamente. Es responsabilidad del CMO crear un entorno que promueva el aprendizaje constante, la mejora de las habilidades y la innovación.

Anime a los miembros del equipo a correr riesgos y experimentar. Designe tiempo para la ideación y la lluvia de ideas. Valorar y celebrar ideas innovadoras que potencialmente puedan traer cambios al equipo y la organización. Además, brinde oportunidades de aprendizaje continuo a través de talleres, seminarios, seminarios web y cursos periódicos.

4. Desarrollar la responsabilidad

Todos los integrantes de un equipo de alto desempeño deben sentirse responsables de sus funciones, procesos y resultados. Un CMO necesita construir una cultura en la que las personas asuman sus responsabilidades y contribuyan activamente a los objetivos del equipo.

Compartir informes de progreso, realizar revisiones periódicas de desempeño y hacer que los miembros del equipo presenten sus contribuciones pueden impulsar la responsabilidad dentro del equipo.

5. Reconocer y recompensar el desempeño

El reconocimiento público de los logros aumenta significativamente la moral del equipo y fomenta un mejor desempeño. Recompensar y celebrar los logros individuales y de equipo crea un sentido de orgullo y pertenencia entre los miembros. Esto puede variar desde simples reconocimientos en reuniones de equipo, premios, recompensas o incluso ascensos, que demuestran el valor que la organización otorga al trabajo duro y a los resultados.

Un equipo de alto rendimiento no surge por casualidad; se cultiva. Como CMO, fomentar una cultura de trabajo colaborativo con una visión clara, comunicación abierta, aprendizaje continuo, responsabilidad y el debido reconocimiento pondrá a su equipo en el camino hacia un alto desempeño.

VII.1 La importancia de formar equipos de alto rendimiento

La creación de equipos de alto rendimiento es vital en el panorama empresarial competitivo y acelerado de hoy. Estos equipos compuestos por personas con experiencia y habilidades únicas pueden impulsar la innovación, acelerar el crecimiento y mejorar el desempeño general de una organización. Como director de marketing (CMO), poseer la capacidad de crear, gestionar y liderar equipos de alto rendimiento es un requisito clave.

Los equipos de alto rendimiento exhiben una inteligencia colectiva que supera la suma de sus capacidades individuales. No se trata únicamente de tener miembros que tengan altos logros. Los equipos efectivos implican un entorno donde las habilidades de cada miembro reciben una plataforma para brillar y contribuir de manera significativa. Suelen tener una estructura sólida y colaborativa que incluye objetivos compartidos, roles claramente definidos, comunicación abierta, confianza y respeto por las habilidades de cada uno.

VII.2 Estrategias para formar equipos de alto rendimiento

1. **Establezca expectativas claras:** como CMO, debe establecer expectativas claras que se alineen con la

misión y los objetivos de la organización. Los miembros del equipo deben ser conscientes de lo que se espera de ellos y de cómo sus esfuerzos contribuyen a alcanzar objetivos más amplios.

2. **Promover la diversidad y la inclusión**: es esencial crear un equipo con diversos orígenes y perspectivas. Es más probable que un grupo diverso presente ideas innovadoras a medida que abordan las situaciones de manera diferente.

3. **Fomente un entorno de comunicación abierto**: los equipos de alto rendimiento prosperan en entornos de comunicación abiertos donde las ideas se pueden compartir y discutir libremente.

4. **Fomentar el aprendizaje y el desarrollo continuos:** un entorno que fomente la mejora de habilidades puede ayudar al equipo a mantenerse al día con las últimas tendencias, mejorando su competencia y rendimiento generales.

5. **Establecer rendición de cuentas y responsabilidad:** cada miembro del equipo debe ser responsable de sus acciones y responsabilidades, promoviendo la responsabilidad y fomentando un sentido de propiedad.

VII.3 Liderar equipos de alto desempeño

Liderar equipos de alto rendimiento implica algo más que gestionarlos. Requiere un enfoque más complejo y matizado que implique generar confianza, comunicación efectiva, establecer las métricas correctas y más. Aquí hay algunas estrategias que pueden funcionar:

1. **Crear y mantener una cultura positiva:** la cultura laboral juega un papel crucial en el desempeño del equipo. El líder debe garantizar un ambiente positivo y atractivo que motive a los miembros del equipo.

2. **Brinde retroalimentación y reconocimiento:** brindar retroalimentación periódica, tanto constructiva como apreciativa, es importante para mejorar el desempeño y mantener motivados a los miembros del equipo.
3. **Muestre un liderazgo decisivo:** un líder decisivo fomenta la confianza en el equipo. La capacidad de decisión surge de estar bien informado, tener buen juicio y el coraje de asumir riesgos calculados.

VII.4 Métricas clave para monitorear el desempeño del equipo

Además de formar equipos de alto rendimiento, es igualmente importante monitorear su desempeño y hacer ajustes cuando sea necesario. Las siguientes métricas de uso común pueden brindarle información útil:

1. **Productividad:** Mide el rendimiento del equipo durante un período específico.
2. **Calidad:** Evalúa la calidad del trabajo realizado por el equipo.
3. **Eficiencia:** analiza qué tan bien los miembros del equipo utilizan los recursos disponibles para lograr sus objetivos.
4. **Satisfacción de los empleados:** un empleado satisfecho generalmente es más productivo, está más comprometido y tiene menos probabilidades de abandonar la organización.

Al comprender, implementar y gestionar estas facetas de los equipos de alto rendimiento, un CMO no sólo contribuye al éxito de su equipo sino también al valor que aporta a la organización. Este capítulo sirvió como base para crear y liderar equipos de alto desempeño, brindándole estrategias, pautas y métricas para medir y optimizar el desempeño. Las siguientes secciones profundizarán en cada estrategia y brindarán consejos prácticos sobre cómo implementarlas.

7.1 El poder de las métricas en la creación de equipos de alto rendimiento

El verdadero valor de un CMO se define por los resultados obtenidos frente a los implacables cambios del mercado y la intensa competencia. No hace falta decir que el calibre del equipo de marketing juega un papel vital en el logro de estos objetivos. Por lo tanto, adoptar un enfoque basado en métricas se vuelve fundamental al crear y liderar equipos de alto rendimiento.

7.1.1. Elegir las métricas "correctas"

El primer paso es seleccionar las métricas adecuadas que se alineen con los objetivos estratégicos de la empresa. Por lo general, estos pueden incluir métricas relacionadas con el conocimiento del producto, el crecimiento del mercado, la adquisición de clientes, la conversión de clientes potenciales, la retención de clientes, el valor de la vida útil del cliente, la satisfacción del cliente y la lealtad a la marca.

La clave aquí es evitar seleccionar demasiadas métricas. No todas las métricas son necesarias ni siquiera beneficiosas. Como CMO, necesita optimizar las métricas para que reflejen verdaderamente los objetivos estratégicos a corto y largo plazo de su organización.

7.1.2. Incorporación de métricas en la evaluación del desempeño

Una vez seleccionadas las métricas adecuadas, es hora de integrarlas en la evaluación del desempeño de cada miembro del equipo. Esto motiva al equipo a mantener esos objetivos específicos enfocados y fomenta la responsabilidad. Al incorporar estratégicamente estas métricas en revisiones de desempeño, incentivos, bonificaciones y lograr áreas de resultados clave (KRA), puede impulsar de manera efectiva a su equipo hacia un alto desempeño.

7.1.3. Monitorear el progreso y tomar acciones oportunas

Después de configurar el sistema de evaluación basado en métricas, es esencial medir consistentemente el progreso y hacer los ajustes necesarios. Utilice herramientas de análisis e inteligencia empresarial para monitorear el rendimiento en tiempo real. Los ajustes rápidos pueden hacer que el equipo vuelva a encaminarse si parece que se están desviando del rumbo.

7.1.4. Fomentar una cultura de mejora continua

Crear un entorno que valore la mejora continua es la esencia de cualquier equipo de alto rendimiento. Esto implica tanto celebrar las victorias como reconocer dónde hay margen de mejora. Al evaluar y ajustar continuamente su enfoque, su equipo también se adaptará a un mercado en evolución y mejorará su eficacia con el tiempo.

7.2 Rutas de desempeño para equipos de alto desempeño

Un equipo de alto rendimiento no se construye de la noche a la mañana. Es un viaje para aprovechar las fortalezas, cerrar brechas y buscar incesantemente lograr objetivos colectivos. A continuación se muestran algunos caminos seguidos por líderes de marketing exitosos:

7.2.1. Visión clara y cohesiva

Una visión clara y cohesiva proporciona al equipo un sentido de dirección y propósito. Como CMO, es su deber articular, promover y sostener esta visión a lo largo de su trayectoria de liderazgo.

7.2.2. Autonomía y Confianza

Dote a su equipo de autonomía: confíe en que tienen las habilidades y el conocimiento para hacer su trabajo de manera efectiva. Esto genera un sentido de propiedad y responsabilidad, lo que los impulsa hacia un alto desempeño.

7.2.3. Recompensar y reconocer el trabajo duro

Reconocer y recompensar el trabajo duro y los logros contribuye en gran medida a elevar la moral. Reconoce el arduo trabajo realizado por el equipo y refuerza el comportamiento que conduce al éxito.

7.3 Construcción de vías y estrategias: el papel del CMO

7.3.1. Modelo a seguir

Usted, como CMO, debe personificar los valores, actitudes y comportamientos que desea ver en su equipo. Cuando tu equipo te ve trabajando duro, asumiendo riesgos, aprendiendo de los fracasos y celebrando los éxitos; están motivados a hacer lo mismo.

7.3.2. Identificar y optimizar las fortalezas individuales

Comprenda las fortalezas únicas de los miembros de su equipo y aprovéchelas para lograr los objetivos comerciales. Esto ayuda a optimizar el rendimiento del equipo y garantiza que cada miembro del equipo desempeñe un papel adecuado a sus capacidades.

7.3.3. Facilitar la colaboración y la comunicación

Un equipo de alto rendimiento prospera gracias a la colaboración y la comunicación. Los CMO deben facilitar una comunicación abierta y honesta y fomentar una cultura donde la colaboración sea reconocida y recompensada.

El camino para convertirse en un CMO de alto rendimiento implica crear y liderar equipos de alto rendimiento. Y dominar el uso de métricas, desarrollar vías de desempeño y emplear enfoques de liderazgo estratégico son fundamentales para este viaje. Al aprovechar estos métodos, los CMO pueden liderar eficazmente a sus equipos hacia un desempeño excepcional, amplificando así la competitividad de la organización con éxito.

A. Introducción a la gestión y liderazgo de equipos en el campo del marketing

Ser un director de marketing (CMO) de alto rendimiento va más allá de tener habilidades de marketing de primer nivel. Abarca una sólida comprensión de la gestión y el liderazgo eficaces de equipos. Liderar un equipo requiere desarrollar un enfoque integral que considere todos los aspectos de la gestión, incluida la contratación, el desarrollo, la motivación y la retención de los miembros del equipo.

El CMO de alto rendimiento es una persona que no sólo conceptualiza y elabora estrategias, sino que emplea un enfoque colectivo, asegurando la cooperación de su equipo y el excelente desempeño en diferentes proyectos e iniciativas. Además, fomentan una cultura de creatividad, colaboración, transparencia y responsabilidad.

i. Principios clave del liderazgo eficaz

1. Visión

Todo equipo exitoso está respaldado por una visión clara y convincente. La visión proporciona dirección, establece prioridades y motiva a los miembros de su equipo. Como CMO de alto rendimiento, es su responsabilidad inspirar a su equipo con una visión compartida para el futuro.

2. Empoderamiento

Capacite a los miembros de su equipo brindándoles los recursos, el conocimiento y la autonomía que necesitan para tener éxito. Un equipo empoderado está más comprometido, es más productivo y tiene más probabilidades de permanecer en la organización a largo plazo.

3. Comunicación

La comunicación eficaz es una habilidad de liderazgo fundamental. Asegúrese de que los objetivos, las estrategias y el progreso del equipo se comuniquen y comprendan claramente. Escuche las ideas, los desafíos y los comentarios de los miembros de su equipo y fomente un entorno donde se fomente la comunicación abierta y honesta.

4. Reconocimiento

Reconozca y aprecie los esfuerzos y logros de su equipo. El reconocimiento eleva la moral, aumenta el compromiso y anima a los miembros del equipo a seguir desempeñándose al máximo.

5. Mejora continua

Impulsar la mejora continua buscando comentarios, analizando el desempeño e implementando cambios según sea necesario. Crear una cultura de aprendizaje y crecimiento donde los errores se vean como oportunidades para aprender y mejorar.

ii. El papel de la dinámica de equipo

Además de los principios de liderazgo eficaces, comprender y fomentar dinámicas de equipo positivas es crucial para crear y liderar equipos de alto rendimiento.

1. Cohesión del equipo

La cohesión del equipo se refiere al vínculo que mantiene unido al equipo. Afecta el compromiso del equipo con sus tareas, su lealtad a la organización y su voluntad de colaborar y cooperar entre sí.

Involucrar a los miembros del equipo en los procesos de toma de decisiones puede aumentar su compromiso con el resultado y su responsabilidad para implementar la decisión.

III. Gestión del rendimiento

La gestión del desempeño implica actividades que garantizan que los objetivos se cumplan de manera eficiente y efectiva. Es un proceso continuo que implica establecer objetivos, evaluar el progreso, desarrollar planes de mejora y apoyar a los miembros del equipo para que logren sus metas.

Un CMO de alto rendimiento adopta un enfoque estratégico para la gestión del desempeño, alineando las metas individuales con los objetivos generales de la organización, brindando capacitación y retroalimentación continua y ofreciendo oportunidades de desarrollo profesional.

IV. Desarrollar e implementar programas de capacitación

Los programas de formación y desarrollo pueden mejorar enormemente el rendimiento y la productividad de su equipo. Cubren la brecha entre las habilidades actuales y las habilidades requeridas para realizar el trabajo con éxito.

Como CMO, considere una prioridad identificar las necesidades de capacitación de su equipo, desarrollar programas de capacitación relevantes y evaluar su efectividad con regularidad.

V. Promoción de un ambiente de trabajo positivo

Un ambiente de trabajo positivo inspira el trabajo en equipo, fomenta la moral, atrae talento y aumenta la productividad. Incluye elementos como respeto, confianza, comunicación abierta y oportunidades de crecimiento y desarrollo.

Al promover una cultura basada en la positividad, impulsará niveles más altos de compromiso, colaboración y desempeño entre los miembros de su equipo.

Conclusión

En conclusión, formar y liderar equipos de alto rendimiento va más allá de asignar tareas y monitorear el progreso. Implica crear una visión, empoderar a su equipo, facilitar la comunicación, dar reconocimiento, promover la mejora continua, fomentar dinámicas de equipo positivas, gestionar el desempeño de manera inteligente, implementar programas de capacitación efectivos e inculcar una cultura de trabajo positiva. A través de ellos, un CMO de alto rendimiento puede permitir que sus equipos alcancen su máximo potencial, amplificando así la eficacia del marketing de toda la organización.

VIII. Navegando a través de la transformación digital como CMO

Capítulo 8.1: Comprender el papel de las métricas digitales en la mejora del rendimiento

En el mundo del marketing digital, los datos y las métricas se han convertido en la columna vertebral de los procesos de toma de decisiones. Como director de marketing (CMO) de alto rendimiento, comprender y capitalizar los beneficios de las métricas digitales es fundamental para navegar con éxito a través de la transformación digital.

El poder de las métricas digitales

Las métricas digitales proporcionan una evaluación objetiva de dónde se encuentra un CMO y los posibles caminos hacia donde quiere estar. Cada métrica es un factor guía que ofrece información sobre el comportamiento del cliente, el desempeño del marketing y la competitividad de la empresa en el panorama digital. Facilitan la toma de decisiones informadas, permitiéndole responder rápida y estratégicamente a los cambios en el mercado digital.

Métricas de marketing que un CMO debe conocer

Para manejar la estrategia de marketing dirigida de una empresa, usted, como CMO, debe centrarse en una serie de métricas clave:

1. Costo de adquisición de clientes (CAC)

Esta métrica le permite medir el costo de adquirir un nuevo cliente, lo que le ayuda a comprender si el gasto en marketing y ventas de la empresa es eficiente o necesita optimización.

2. Valor de vida del cliente (CLV)

Al medir el valor total que un cliente aporta a su empresa durante toda su vida como cliente, puede planificar estratégicamente su presupuesto de marketing y predecir mejor el crecimiento futuro de su empresa.

3. Tasas de conversión

Ya sea que los visitantes del sitio web se conviertan en clientes de pago o que los clientes potenciales exitosos se conviertan en ventas, las tasas de conversión lo ayudan a evaluar la efectividad de su estrategia de marketing y ventas.

4. Retorno de la inversión en marketing (ROMI)

Al calcular la cantidad de ingresos generados por cada dólar gastado en marketing, puede evaluar la rentabilidad de las campañas de marketing y ajustar las estrategias en función de los resultados.

5. Clientes potenciales calificados de marketing (MQL) y clientes potenciales calificados de ventas (SQL)

Estas métricas miden la calidad y cantidad de clientes potenciales generados, lo que le ayuda a separar aquellos que están listos para comprar (SQL) de otros que necesitan un mayor desarrollo (MQL).

6. Métricas de participación

Analizar métricas como la tasa de rebote, el tiempo en el sitio, las páginas por visita y las tasas de apertura y de clics, entre otras, proporciona información sobre cómo los consumidores interactúan con su presencia digital.

Estructurar un marco de métricas digitales

Diseñar un marco de métricas digitales adecuado como parte del proceso de transformación digital. Como CMO, proporcione una estructura definida y visibilidad a diferentes aspectos como la recopilación de datos, la selección de métricas, el análisis de datos y la modificación de estrategias. Cada uno de estos debe estar relacionado con los objetivos comerciales generales, garantizando que los esfuerzos que usted está realizando en la transformación digital estén estrechamente vinculados con los objetivos generales de la organización.

Cuantificar métricas digitales en estrategia

Un CMO de alto rendimiento no sólo comprende estas métricas, sino que también sabe cómo integrarlas en la formulación de estrategias sólidas. Desde la segmentación hasta la focalización y el posicionamiento, cada faceta de su estrategia de marketing debe aprovechar estas métricas para lograr decisiones más precisas basadas en datos.

Además, a medida que el panorama digital evoluciona constantemente, tener una visión clara basada en métricas le permite adaptarse rápidamente y mejorar el retorno de la inversión de sus actividades de marketing. También le permite comunicar los resultados de manera más efectiva a su equipo, partes interesadas y otros tomadores de decisiones clave en su organización, subrayando la propuesta de valor de sus iniciativas de marketing.

Conclusión

Navegar con éxito a través de la transformación digital como CMO requiere una comprensión completa de las métricas digitales, su relevancia y cómo pueden traducirse sistemáticamente en decisiones estratégicas. Dominar estos elementos le equipará con las herramientas necesarias para impulsar a la organización hacia el logro de sus objetivos en el espacio digital. Recuerde, en la era de la transformación digital, un CMO de alto rendimiento es un CMO basado en datos.

Subsección: Zarpar en el vasto mar de la transformación digital: estrategias, iniciativas y desafíos

En esta era digital, un director de marketing (CMO) tiene que desempeñar múltiples funciones y canalizar sus fuerzas para orquestar la transformación digital dentro de la organización. Navegar por los mares tormentosos de la transformación digital puede ser un desafío; sin embargo, con estrategias sólidas y caminos basados en datos, un CMO puede aprovechar eficazmente los vientos de cambio en beneficio de la organización.

Primer acto: comprender la transformación digital

Para navegar sin problemas por el mar de la transformación digital, los CMO deben comprender primero lo que realmente implica la transformación digital. Básicamente, la transformación digital se refiere a la integración de la tecnología digital en todas las esferas de una organización. Pero no se trata simplemente de un cambio tecnológico;

también abarca un cambio de cultura, que implica un cambio hacia una mentalidad más experimental, adaptable y ágil.

Segundo acto: Trazar el camino

En esencia, la transformación digital es un juego de estrategia. Los CMO deben trazar cuidadosamente el recorrido digital de la organización.

- **Identificación y priorización:** los CMO deben identificar áreas en el ámbito del marketing que obtendrían el mayor impacto estratégico de la transformación digital. Las áreas de alto impacto suelen incluir la participación del cliente, el análisis de datos, el seguimiento del retorno de la inversión (ROI) y el desarrollo de nuevas ofertas digitales. Priorizar en qué áreas centrarse garantiza que los recursos de la organización se utilizarán de forma óptima.
- **Establecimiento de objetivos:** para orientar el esfuerzo de la organización hacia una narrativa unificada, los CMO deben establecer objetivos claros y mensurables. Por ejemplo, los objetivos podrían variar desde aumentar la participación del cliente a través del marketing omnicanal hasta mejorar la toma de decisiones basada en datos.
- **Desarrollo de la hoja de ruta:** una vez definidos estos objetivos, los CMO deben delinear un plan de acción integral. Este plan debe detallar el cronograma, los recursos necesarios y las iniciativas específicas para sostener la transformación.

Tercer acto: elaboración de estrategias sólidas

La estrategia de CMO debería ser tan dinámica como la propia transformación digital.

- **Marketing ágil:** en una era de rápida evolución digital, los CMO deben adoptar metodologías de marketing ágiles que prioricen las interacciones, las personas, el software funcional y la colaboración con el cliente por encima de la documentación completa y el estricto cumplimiento de los planes.
- **Toma de decisiones basada en datos:** los CMO deben centrarse en las métricas y utilizar datos para informar sus decisiones. Este cambio hacia el marketing basado en datos no sólo ayuda a evaluar cualitativamente las campañas de marketing, sino que también ayuda a pronosticar tendencias futuras.
- **Enfoque centrado en el cliente:** la transformación digital abre varios canales para la interacción con el cliente. Al centrarse en un enfoque centrado en el cliente, los CMO pueden crear experiencias de cliente personalizadas, fluidas y atractivas en canales digitales y fuera de línea.

Cuarto acto: superar los desafíos

Como cualquier esfuerzo masivo, el viaje de la transformación digital está plagado de desafíos.

- **Resistencia al cambio:** el desafío más común que enfrentan los CMO es la resistencia al cambio dentro de la empresa. Romper los silos tradicionales y fomentar una cultura experimental y tolerante al fracaso es esencial para impulsar la innovación digital.
- **Brecha de habilidades:** A menudo, existe una brecha de habilidades a la hora de adoptar nuevas tecnologías. Las OGC deben abordar esta cuestión ofreciendo oportunidades de formación y fomentando el aprendizaje permanente.

En conclusión, el viaje a través de la transformación digital es muy parecido a navegar en aguas inexploradas: está impulsado por una estrategia, guiado por un mapa integral y tiene su conjunto único de desafíos. Pero, con una mano firme al mando (el CMO), las recompensas superan con creces las dificultades iniciales, desbloqueando niveles sin precedentes de innovación, conexión con el cliente y éxito en el mercado.

Transformar el papel del CMO en la era digital: estrategia y tácticas

La era digital ha remodelado drásticamente el panorama empresarial, eliminando efectivamente las barreras de entrada y erosionando las limitaciones tradicionales impuestas por la geografía, el tamaño y la capacidad inversora. En consecuencia, redefinir el papel del CMO se ha convertido en una parte esencial para recorrer el camino hacia la transformación digital.

Tradicionalmente, era suficiente que los CMO fueran expertos en crear estrategias de marketing convincentes, fomentar la identidad de marca y gestionar las relaciones con los clientes. Sin embargo, en la era digital, el rol varía según las organizaciones, pero exige cambios fundamentales en áreas como el análisis de datos, la experiencia del cliente y las operaciones digitales. Este capítulo explora estrategias y tácticas clave necesarias para convertirse en un CMO de alto rendimiento en un mundo digital.

Adopte el análisis de datos

La transformación digital ha puesto el análisis de datos en el centro de atención. Los especialistas en marketing ahora tienen acceso a grandes cantidades de datos, pero aprovecharlos al máximo requiere un nivel de sofisticación analítica que tradicionalmente no se ha asociado con el rol del CMO. El CMO moderno debe adquirir competencia en la interpretación de análisis para informar las decisiones de marketing, obtener conocimientos sólidos de los clientes y medir el impacto de sus iniciativas estratégicas de marketing en tiempo real. Este enfoque basado en datos no sólo transforma los procesos de toma de decisiones sino también la naturaleza misma del marketing.

Redefiniendo la experiencia del cliente

Las expectativas de los consumidores actuales son cada vez mayores. Exigen experiencias fluidas y personalizadas que satisfagan sus necesidades precisamente cuando surgen. El papel del CMO en este contexto es liderar la organización de estas necesidades y definir una nueva estrategia de asociación para la experiencia del cliente en todos los puntos de contacto, aprovechando herramientas y tecnologías digitales. Esto incluye el uso de capacidades de IA para mejorar la personalización, implementar estrategias omnicanal e impulsar el compromiso proactivo con los clientes.

Adopte operaciones de marketing ágiles

A medida que la línea entre el marketing tradicional y el digital se desdibuja, el CMO debe gestionar las operaciones de marketing con mayor agilidad. La introducción de nuevas tecnologías de marketing y los constantes cambios del mercado requieren la capacidad de girar rápidamente sin sacrificar los objetivos estratégicos. Las operaciones de marketing ágiles pueden agilizar el proceso de toma de decisiones, reducir los cuellos de botella, respaldar el aprendizaje continuo y acelerar la respuesta a los cambios del mercado.

Priorizar la innovación y la creatividad

La transformación digital es, necesariamente, disruptiva. Por lo tanto, los CMO deben defender la innovación y la creatividad, explorando fuera de sus áreas de confort y fomentando una cultura que fomente los riesgos calculados y la experimentación. Tácticas innovadoras, como aprovechar las tecnologías emergentes, desarrollar estrategias de contenido innovadoras y aprovechar el poder de las personas influyentes en las redes sociales, pueden ser fundamentales para diseñar una estrategia de marketing digital eficaz.

Desarrollar asociaciones estratégicas

A medida que el impacto de las decisiones de marketing se extiende más allá de los límites tradicionales del departamento de marketing, la necesidad de colaboración y asociaciones estratégicas entre diferentes funciones dentro de la organización se vuelve vital. Esto puede implicar alinearse con TI para garantizar una integración perfecta de las soluciones de martech, cooperar con ventas para alinearse con las necesidades del cliente o trabajar con finanzas para vincular las iniciativas de marketing con resultados comerciales mensurables.

Estableciendo la visión tecnológica

Fundamental para el papel del CMO en la era digital es la capacidad de inspirar y liderar la visión tecnológica del departamento de marketing. Esto incluye identificar e integrar nuevas tecnologías de marketing, comprender las implicaciones estratégicas de los cambios tecnológicos y facilitar inversiones en tecnología que respalden la eficacia del marketing.

El futuro del papel del CMO

Ante la transformación digital en curso, el papel del CMO seguirá evolucionando. Los futuros CMO deberán sentirse cómodos con la tecnología en constante avance, poseer una curiosidad natural que impulse el aprendizaje y la adaptabilidad constantes, y ser hábiles para gestionar diversas funciones y colaborar estrechamente con una variedad de partes interesadas. Al adoptar y dominar estas estrategias, el CMO moderno puede navegar con éxito a través de la transformación digital y convertirse en un líder de alto rendimiento en la era digital.

Diseñar una estrategia de transformación digital: la guía del CMO

El marketing moderno ya no se trata de campañas creativas y eslóganes pegadizos. En la era digital actual, el papel de un CMO se está expandiendo más allá de los límites tradicionales. No sólo son responsables de la gestión de marca y la experiencia del cliente, sino que la transformación digital también se está convirtiendo en una prioridad clave para ellos. El crecimiento exponencial de la tecnología ha impulsado a las marcas a repensar y recalibrar sus estrategias. Elaborar una estrategia sólida de transformación digital se está volviendo vital para que los

CMO se mantengan a la vanguardia en este panorama competitivo.

Comprender la transformación digital

La transformación digital implica la integración de la tecnología digital en todas las áreas de una organización, cambiando la forma de operar y ofrecer valor a los clientes. Para los CMO, la transformación digital implica un cambio de actividades fuera de línea a actividades en línea, de actividades tradicionales a actividades digitales. Significa aprovechar el poder de los datos, el análisis, la inteligencia artificial, el aprendizaje automático y otras tecnologías digitales para impulsar la participación del cliente y el crecimiento empresarial.

Elementos clave de una estrategia de transformación digital

La transformación digital puede ser desalentadora. Estos son los elementos clave que los CMO deben considerar al diseñar una estrategia de transformación digital:

1. **Visión y Liderazgo:** Tener una visión clara es primordial. Los CMO deben comprender de manera integral los objetivos comerciales de su organización y cómo la transformación digital ayudará a alcanzar estos objetivos. Un liderazgo sólido también garantiza una ejecución fluida de las estrategias digitales y alienta a toda la organización a alinearse con la visión de transformación digital.
2. **Centrado en el cliente:** en última instancia, todos sus esfuerzos de transformación digital deben girar en torno al cliente. Los CMO deben comprender el comportamiento, las preferencias, las necesidades y los desafíos digitales del cliente. El uso de datos y análisis de clientes podría proporcionar tendencias

reveladoras para adaptar experiencias personalizadas para los clientes.

3. **Integración de tecnología:** los CMO deben priorizar qué tecnologías debe aprovechar su organización como parte del viaje de transformación digital. Esto podría abarcar desde el análisis de datos hasta la inteligencia artificial, desde la automatización hasta el aprendizaje automático. La integración de tecnología adecuada puede aprovechar la eficiencia y proporcionar soluciones avanzadas.

4. **Datos y análisis:** los datos son el nuevo petróleo en la era digital. Los CMO deben comprender la importancia de la toma de decisiones basada en datos. Los análisis pueden proporcionar información útil que puede ayudar a mejorar la experiencia del cliente, optimizar el retorno de la inversión o impulsar el crecimiento empresarial general.

5. **Agilidad e innovación:** por último, pero no menos importante, los CMO deben fomentar una cultura de agilidad e innovación en su organización. Las tendencias del mercado y las preferencias de los clientes cambian rápidamente en el mundo digital, y ser ágil e innovador ayuda a seguir siendo relevante y competitivo.

Caminos hacia la transformación digital

El viaje de transformación digital de cada organización es único. Sin embargo, los CMO pueden seguir estos caminos generales para impulsar su agenda de transformación digital:

1. *Evalúe la madurez digital:* comprender la madurez digital actual de su organización es el primer paso. Esto implica evaluar las tecnologías, las capacidades, los recursos y la preparación digital existentes de su organización.

2. *Identifique la brecha:* determine qué capacidades digitales necesita para alcanzar los objetivos establecidos y compárelas con sus capacidades actuales para identificar la brecha.
3. *Priorice las inversiones:* según la brecha identificada, priorice las iniciativas digitales que se alineen con sus objetivos comerciales y tengan el mayor impacto en el desempeño.
4. *Ejecute, supervise y optimice:* implemente las iniciativas digitales, supervise continuamente el rendimiento con KPI establecidos y perfeccione la estrategia en función de los comentarios y los resultados.

Pensamientos finales

Navegar a través de la transformación digital es una obligación para todo CMO en la era digital actual. Se trata de comprender las tendencias, aprovechar la tecnología adecuada, generar innovación y, sobre todo, mantener a los clientes en el centro de todo. Como CMO, liderar el impulso de la transformación digital puede tener un impacto significativo en el éxito de la organización en el mercado digital. Actúe sabiamente, planifique estratégicamente y continúe adaptándose al cambiante panorama digital.

Navegando por la transformación digital: decodificando las métricas del marketing digital

Como director de marketing (CMO), navegar a través de una transformación digital implica la adopción de innumerables estrategias. Uno de esos elementos críticos es comprender y utilizar las métricas de marketing digital de manera efectiva. Vivir en una era digital exige la capacidad de medir, analizar e interpretar datos digitales para impulsar decisiones y estrategias de marketing. Inevitablemente, las métricas digitales clave surgen como guías singulares para rastrear el desempeño, percibir el comportamiento del consumidor y mejorar la efectividad del marketing.

1.1 Por qué son importantes las métricas de marketing digital

En el panorama del marketing digital, las métricas son cruciales porque proporcionan medidas cuantificables para el éxito. Ofrecen información sobre las complejidades de los esfuerzos de marketing online y guían para evaluar la eficacia de estrategias específicas. Comportamiento de la audiencia, nivel de participación, tasas de conversión: todo esto se puede rastrear y analizar a través de varias métricas de marketing digital. La agilidad, un requisito principal para todas las empresas en medio de la rápida evolución digital, mejora significativamente cuando el CMO aprovecha las métricas para adaptar las estrategias según los datos entrantes.

1.2 Las métricas esenciales para el CMO moderno

Si bien existen numerosas métricas de marketing digital disponibles, seleccionar las adecuadas para su negocio puede resultar abrumador. A continuación se detallan algunas de las métricas esenciales a las que todo CMO debe prestar atención:

Métricas de participación : cuantifican el nivel en el que la audiencia interactúa con su contenido o marca. Las métricas de participación incluyen tasas de clics, tasas de apertura, me gusta, comentarios, acciones, ofertas, etc. Comprender estas métricas ayuda a ajustar el contenido de manera efectiva para mejorar la participación de la audiencia.

Métricas de conversión : vitales para realizar un seguimiento del retorno de la inversión (ROI), las métricas de conversión revelan cuántos clientes potenciales o interacciones de los usuarios resultan en última instancia en ventas. Las métricas que incluyen la tasa de conversión, la tasa de rebote, la tasa de salida, etc. ayudan a perfeccionar las estrategias de marketing digital para lograr las mejores tasas de conversión posibles.

Valor de vida del cliente (CLV) : CLV proyecta los ingresos totales que una empresa puede esperar razonablemente de una sola cuenta de cliente. Considera el valor de los ingresos de un cliente y compara ese número con la vida útil prevista del cliente por la empresa. Es esencial para planificar estrategias comerciales a largo plazo.

Costo por adquisición (CPA) : indica el costo en el que incurre su empresa para adquirir un nuevo cliente, lo cual es crucial para presupuestar los costos de marketing y calcular el ROI.

Métricas de retención : las tasas de retención de usuarios, la tasa de abandono, etc. son métricas clave que indican los niveles de satisfacción del cliente y su conexión con la marca a lo largo del tiempo.

1.3 Análisis y aplicación de métricas: la perspectiva del CMO

Ser un CMO de alto rendimiento implica no sólo comprender las métricas relevantes del marketing digital, sino también analizarlas y aplicarlas de manera efectiva. Un CMO debería poder interpretar los datos detrás de estas métricas, extraer información vital y luego aplicar estos aprendizajes para mejorar la estrategia general de marketing. Se trata de convertir los datos en conocimientos prácticos que impulsen resultados empresariales reales.

Como CMO, analizar periódicamente métricas para medir el rendimiento de sus iniciativas de marketing, identificar y centrarse en los indicadores clave de rendimiento (KPI) que se alinean con sus objetivos comerciales (y pivotar estrategias basadas en estos conocimientos) da como resultado un marketing digital eficiente y receptivo. ambiente.

1.4 Métricas y una estrategia culturalmente informada

La rápida transformación digital implica también una audiencia dinámica. En tal escenario, un CMO exitoso ajustará constantemente la interpretación de las métricas, alineándolas con las tendencias culturales y las necesidades cambiantes de los clientes. Una estrategia culturalmente informada, guiada por una interpretación métrica adecuada, puede desempeñar un papel crucial a la hora de resonar con las audiencias, lograr un compromiso a largo plazo y, eventualmente, un crecimiento empresarial.

En conclusión, el uso informado e inteligente de las métricas de marketing digital, cruciales para navegar a través de la transformación digital, marca la diferencia entre un buen CMO y uno excelente. Le permite comprender qué funciona mejor para su marca, medir y mejorar el rendimiento y construir una conexión más fuerte y atractiva con su audiencia. De hecho, las métricas son herramientas de navegación esenciales en los innumerables caminos de la transformación y el éxito del marketing digital.

IX. Estudios de caso de CMO de alto rendimiento

Estudio de caso: el liderazgo transformacional de John Doe como CMO

John Doe, CMO de XYZ Corporation, representa un ejemplo brillante de directores de marketing de alto rendimiento en todas las industrias. Sus estrategias innovadoras, su dedicación inquebrantable y su clara comprensión de las métricas han convertido a XYZ Corporation en una empresa líder con un amplio reconocimiento de marca.

Introducción

John se unió a XYZ Corporation cuando la empresa luchaba por mantenerse a flote en un mar de rivales altamente competitivo. Con tácticas de marketing modificadas, creó una historia de éxito transformadora que sirve como ejemplo para todos los profesionales del marketing. Era consciente de su responsabilidad no sólo de satisfacer las necesidades existentes del mercado sino también de anticipar las futuras y crear soluciones.

Métricas: una estrella del norte

Las métricas proporcionaron las bases de la estrategia de marketing de John. La capacidad de identificar las métricas y los datos correctos fue la base para describir la historia de éxito de XYZ Corporation. John se centró significativamente en métricas como el costo de adquisición de clientes (CAC), el valor de vida del cliente (CLV), las tasas de conversión y las métricas de participación en línea. Hizo hincapié no sólo en las métricas cuantitativas, sino también en las cualitativas, como el sentimiento de marca, la satisfacción del cliente y el puntaje neto del promotor (NPS).

Bajo su liderazgo, se llevaron a cabo auditorías periódicas para garantizar que las métricas utilizadas siguieran siendo relevantes y eficientes para cumplir los objetivos comerciales de XYZ Corporation. Al hacerlo, John convirtió las métricas en su estrella polar, ayudándole a dirigir la dirección de marketing de la empresa con precisión e intención.

Adaptando el camino

John reconoció la importancia de adaptar el enfoque de marketing al tamaño, los objetivos y la audiencia de la empresa. Al comprender que no existe una estrategia única para todos, creó su camino hacia el éxito. La estrategia giró en torno a un enfoque centrado en el cliente, campañas de marketing multicanal, una marca sólida y una innovación continua.

Además, John entendió el valor del contenido en la era digital. A través de contenido atractivo, valioso y personalizado, logró establecer una sólida presencia en línea para XYZ Corporation. Su insistencia en integrar herramientas tecnológicas como IA y Big Data en su estrategia también mejoró sus esfuerzos de marketing y proporcionó información de la que antes carecían.

Estrategias implementadas

El pensamiento estratégico de John tomó forma cuando adoptó estrategias de marketing innovadoras. Orquestó un cambio del marketing centrado en el producto al marketing centrado en el cliente, enfatizando la importancia de mejorar el recorrido del cliente. El geomarketing fue otra estrategia que puso en juego, permitiendo un marketing personalizado y basado en la ubicación que aumentó sustancialmente el alcance de la empresa.

John también creía en el poder de las asociaciones. Al colaborar con socios estratégicos, logró construir una red, llegar a nuevas bases de clientes y mejorar la reputación y la imagen de marca de la empresa. Además, al aprovechar el marketing de resultados (centrándose en resultados medibles de marketing y publicidad), logró optimizar cada dólar gastado y solo amplió estrategias que dieron resultados comprobados.

Resultados

Bajo el liderazgo de John, XYZ Corporation experimentó un cambio dramático. La empresa experimentó un aumento notable en métricas clave como la retención de clientes, el valor de vida del cliente y el tráfico orgánico. Además, su imagen de marca mejoró significativamente, creando una conexión emocional más sustancial con su clientela, lo que llevó a una puntuación neta de promotor más alta. Los ingresos anuales también experimentaron un crecimiento de dos dígitos, lo que marca el éxito financiero de sus estrategias de marketing.

En conclusión, John Doe ejemplifica un CMO de alto rendimiento dentro de la Corporación XYZ, demostrando el papel impactante del liderazgo y el pensamiento estratégico en marketing. Su enfoque único, su comprensión de las métricas y sus estrategias innovadoras han ilustrado que el liderazgo en marketing es crucial para impulsar un crecimiento y un éxito empresarial notables.

Estudio de caso 1: El estratega: creación de campañas de marketing exitosas

Nuestro primer estudio de caso involucra a un CMO de gran éxito llamado Feargal Quinn. El Sr. Quinn, quien se desempeñó como director de marketing de una destacada empresa de tecnología, demostró cualidades de liderazgo excepcionales en su función centrada en la estrategia.

Antecedentes y desafíos

El Sr. Quinn asumió el puesto de Director de Marketing en circunstancias difíciles. La empresa había pasado recientemente por una fusión y estaba luchando por integrar diferentes ramas de sus operaciones. Además, la marca digital de la empresa estaba drásticamente subdesarrollada en comparación con el acelerado mundo del comercio electrónico.

Estrategias e implementación

La estrategia de Feargal fue multifacética y se centró en abordar problemas inmediatos y al mismo tiempo sentar las bases para el crecimiento a largo plazo. Esto es lo que hizo:

- **Unificación de productos** : Quinn entendió que el primer paso para recuperarse de la crisis posterior a la fusión era unificar el conjunto de productos. Facilitó reuniones entre departamentos para promover el entendimiento mutuo y la cooperación y establecer el tono para una dirección de marketing unificada.

- **Comprender a la clientela** : Quinn insistió en realizar una extensa investigación de mercado para comprender las necesidades y preferencias de su base de clientes. Creía que esta información era invaluable para crear campañas de marketing personalizadas y de alto rendimiento.
- **Transformación digital** : al reconocer la marca digital poco desarrollada de la empresa, Quinn volvió a priorizar los recursos para ampliar la huella digital de la empresa. Esto implicó invertir en diseño web, marketing de contenidos y aumentar las actividades en las redes sociales.
- **Enfoque basado en datos** : un elemento central de la estrategia de marketing de Feargal fue aprovechar el poder de los datos. Su equipo utilizó análisis para rastrear el comportamiento de los clientes, comprender las tendencias de la industria y probar la tasa de éxito de diferentes estrategias de marketing.
- **Empoderamiento del equipo** : Quinn creía en empoderar a su equipo. Desarrolló una cultura de comunicación abierta, retroalimentación constante y aprendizaje continuo.

Resultados y conclusiones clave

Siguiendo las estrategias de marketing de Quinn, la empresa se convirtió en una de las marcas más reconocidas dentro de su nicho en la industria tecnológica. La participación del cliente aumentó significativamente y la empresa experimentó un aumento sustancial en los ingresos. En el lapso de dos años, las campañas dirigidas iniciadas por su equipo aumentaron la tasa de conversión en aproximadamente un 35%.

Entre las conclusiones clave del éxito de Feargal se encuentran:

- **Integración y comunicación** : un frente unido es imperativo para una marca exitosa. En este caso, la unificación de productos fue un paso importante que ayudó a la empresa a proyectar un mensaje de marca claro y coherente a sus clientes.
- **Enfoque centrado en el cliente** : el crecimiento sostenible sólo se puede lograr centrándose en las necesidades y preferencias de los clientes. La investigación de mercado proporciona una comprensión más profunda de las tendencias y sus implicaciones.
- **Poder digital** : las empresas no deben subestimar el potencial de la revolución digital para sus negocios. Las plataformas de redes sociales y el marketing de contenidos son herramientas poderosas que pueden mejorar significativamente la visibilidad y la participación de mercado de una empresa.
- **Utilización de datos** : el uso de análisis y otras herramientas basadas en datos ayuda a las organizaciones a tomar decisiones informadas, aumentando la eficiencia y eficacia de sus estrategias de marketing.
- **Estilo de liderazgo** : empoderar al equipo de marketing aumenta su inversión en sus trabajos, impulsando así la creatividad, la productividad y la satisfacción laboral.

Haciéndose eco de los sentimientos de todos los líderes exitosos, Quinn atribuyó su éxito a su equipo y afirmó el valor de su trabajo en equipo. Su historia recopila claramente algunas de las métricas, caminos y estrategias más importantes, lo que lo convierte en un CMO de alto rendimiento ejemplar.

Estudio de caso 1: El viaje transformacional de Sarah, una CMO de alto rendimiento

Comenzamos esta sección hablando de Sarah, una CMO visionaria que redefinió la dinámica del éxito en su organización, llevándola de ser un actor del mercado a un líder del mercado.

1.1 Carrera temprana y camino hacia el puesto de CMO

Sarah comenzó su carrera en el campo del marketing como pasante entusiasta en una startup. A lo largo de los años, ascendió en la escala corporativa con un enfoque inquebrantable en los resultados y un compromiso incansable con el aprendizaje. Su versatilidad y mentalidad orientada a resultados facilitaron su rápida transición de ejecutiva de marketing a directora de marketing en un escaso lapso de siete años. Se aventuró en diversas funciones comerciales, adquirió valiosas experiencias y perfeccionó sus habilidades de pensamiento estratégico. Estas experiencias la prepararon para ser la candidata perfecta para el puesto de CMO que le ofrecieron en una empresa de tecnología de renombre.

1.2 Profundizar en las métricas

La comprensión inherente de Sarah de la importancia de las métricas la hacía única. Era conocida territorialmente por su enfoque metódico para extraer información valiosa de los datos de los consumidores. Su obsesión por las métricas aseguró el centrado en los datos de la organización y ayudó a diseñar estrategias de marketing que no se basaran sólo en instintos sino en datos concretos. Los indicadores clave de rendimiento (KPI), como el valor del ciclo de vida del cliente (CLV), el retorno de la inversión en marketing (ROMI) y el Net Promoter Score (NPS), fueron sus áreas de enfoque que ayudaron a alinear las iniciativas de marketing con los objetivos comerciales generales.

1.3 Estrategias revolucionarias

El ascenso de Sarah a la liga de CMO de alto rendimiento fue una demostración de liderazgo, innovación y conocimientos estratégicos. Puso al consumidor en el centro de sus estrategias y abogó por un enfoque centrado en el cliente que revolucionó las comunicaciones de su empresa.

Además, su énfasis en desarrollar una estrategia multicanal integrada y cohesiva ayudó a consolidar los fragmentados esfuerzos de marketing de la empresa. Al integrar marketing de contenidos, redes sociales, SEO y publicidad tradicional en una operación perfectamente sinérgica, maximizó el retorno de la inversión en marketing y la coherencia de la marca.

1.4 Allanando el camino para la transformación digital

Sarah previó el poder de la evolución digital en el marketing mucho antes de que se convirtiera en la norma. Defendió la transformación digital de las operaciones de marketing de su organización, esforzándose por construir una plataforma digital sólida. Utilizando herramientas de análisis avanzadas, extrajo información sobre las preferencias, el comportamiento y las expectativas de los clientes. Su capacidad para captar la esencia de los "grandes datos" y traducirla en estrategias viables la convirtió en un activo indispensable para su empresa.

1.5 Cultura Organizacional y Desarrollo de los Empleados

Al comprender que el recurso más valioso para cualquier organización es su capital humano, Sarah hizo un esfuerzo consciente para fomentar una cultura laboral saludable, inclusiva e inspiradora. Inició programas regulares de capacitación y desarrollo y creó oportunidades de crecimiento para su equipo, nutriendo a los futuros líderes de la organización.

La historia de Sarah sustenta los pilares de ser una CMO de alto rendimiento: comprensión y uso profundos de métricas, estrategias innovadoras, previsión de las tendencias digitales y gestión de personas. Su estudio destaca el papel cada vez más estratégico de los CMO, destacando cómo su liderazgo puede trascender las fronteras tradicionales para impulsar consistentemente el crecimiento y el éxito organizacional.

Estudio de caso: Phil Schiller de Apple Inc.

Puede que Phil Schiller no sea un nombre muy conocido, pero sus contribuciones como director de marketing (CMO) de una de las empresas más exitosas del mundo, Apple Inc., ofrecen lecciones importantes para cualquiera que busque llegar a la cima de la profesión del marketing. .

Antecedentes y trayectoria profesional

Antes de unirse a Apple en 1997, Schiller ocupó varios puestos clave de marketing en empresas de tecnología como Macromedia Inc. y FirePower Systems Inc. Su experiencia previa con empresas orientadas a la tecnología lo familiarizó con las operaciones de la industria tecnológica, específicamente con los lanzamientos de productos y el posicionamiento de marcas.

Logros en Apple

En Apple, una de las hazañas más importantes de Schiller fue desempeñar un papel decisivo en el lanzamiento del 'iPod', un producto innovador que revolucionó la forma en que la gente escucha música. La estrategia de marketing, dirigida por Schiller, posicionó suavemente el producto no sólo como un reproductor de música MP3, sino como algo que cambiaría la vida de las personas: una "revolución de la música digital iPod e iTunes".

Schiller también formó parte del equipo responsable del exitoso lanzamiento y marketing global del iPhone y la App Store de Apple, productos que hoy en día se han convertido en sinónimo de informática y comunicaciones móviles modernas.

Estrategias clave

Las estrategias de marketing de Schiller siempre incluyeron un profundo conocimiento del cliente. Al centrarse en las necesidades y preferencias de los clientes, Schiller pudo crear campañas de marketing que tuvieron un profundo impacto en el mercado objetivo.

Una de sus principales estrategias siempre ha sido la simplicidad. Las campañas de Apple bajo la dirección de Schiller, como la famosa campaña 'Think Different', prosperaron con narrativas simples pero poderosas. Era experto en reducir conceptos tecnológicos complejos a un lenguaje sencillo y elementos visuales atractivos con los que los consumidores pudieran identificarse.

Métricas para el éxito

Schiller creía en adoptar un enfoque cuantitativo del marketing, utilizando métricas basadas en datos para medir el éxito de la campaña e informar decisiones futuras. Al analizar e interpretar datos de cifras de ventas, comportamiento del consumidor y tendencias del mercado, Schiller pudo modificar y perfeccionar continuamente las estrategias de marketing de Apple y mantener la posición de liderazgo de la empresa en el mercado.

Lecciones aprendidas

Hay varias conclusiones clave de la época de Phil Schiller como CMO de Apple. Una de las principales lecciones es la importancia de comprender las necesidades y motivaciones del cliente. Schiller también demostró que la simplicidad puede ser una herramienta poderosa en marketing: una narrativa simple y convincente puede lograr mucho si resuena entre los consumidores.

El trabajo de Schiller también enfatiza la importancia de los datos en marketing: datos precisos y procesables pueden y deben alimentar cada decisión de marketing.

Resumen

El caso de Phil Schiller representa perfectamente lo que implica ser un CMO de alto rendimiento: una comprensión profunda de las necesidades del cliente, la capacidad de comunicarse de manera efectiva, confianza en datos precisos para impulsar decisiones y una visión infalible de lo que representa la marca. Ser un CMO exitoso no se trata sólo de encabezar campañas exitosas; se trata de construir y mantener una marca en la que los clientes confíen y adoren.

Estudio de caso IX.1: Alto rendimiento a través de la alineación estratégica: el CMO de X-Brand Globally

La transformación radical de la estrategia de marketing de X-Brand es, con diferencia, una de las historias más inspiradoras hasta el momento. Cuando Jane Doe tomó las riendas como directora de marketing (CMO) de X-Brand, su desafío era lidiar con un alcance de mercado cada vez menor y una base de clientes notablemente envejecida. La X-Brand estaba luchando en un espacio de mercado cada vez más acelerado y liderado por lo digital. El liderazgo visionario de Jane Doe y las estrategias basadas en datos convirtieron estos desafíos en oportunidades, posicionando a X-Brand como un actor líder en el mercado global.

Alinear la estrategia de marketing con la visión corporativa

Doe comenzó su mandato en X-Brand remodelando la estrategia de marketing para reflejar la visión corporativa más amplia, reconociendo la necesidad de un enfoque colaborativo entre todas las divisiones de la empresa. Organizó reuniones multifuncionales en las que cada equipo presentó sus objetivos estratégicos de marketing para el año, lo que condujo a ajustes organizacionales holísticos que abordaron las necesidades de cada departamento y al mismo tiempo mantuvieron la alineación con la visión corporativa. Esta adaptación inclusiva y práctica de la estrategia organizacional fue una indicación temprana de la aptitud de Doe como líder unificador.

Invertir en análisis y métricas para decisiones basadas en datos

Si bien la alineación estratégica con la visión corporativa fue el pilar de la estrategia de Doe, ella hizo igualmente hincapié en el análisis de marketing riguroso. Sabía que el CMO moderno no puede confiar únicamente en la creatividad. Doe introdujo el análisis predictivo para guiar las campañas promocionales de X-Brand y desarrolló un equipo de científicos de datos para crear una plataforma integral de análisis de clientes.

Este enfoque basado en datos identificó segmentos de mercado a los que X-Brand no se había dirigido previamente. Reveló que un sector de consumidores más jóvenes favorecía la marca, pero sus intereses y patrones de compra eran diferentes a los de la base de clientes de mayor edad predominante. En consecuencia, Doe tomó una medida estratégica para apuntar a los mercados de la generación millennial y Z, una medida que habría sido prácticamente invisible sin los conocimientos adquiridos a través del análisis de datos de los clientes.

Enfoque digital primero y énfasis en el compromiso

Otro elemento esencial de la estrategia de Doe fue centrarse en el enfoque digital en marketing. Se dio cuenta de que la base de clientes jóvenes potenciales estaba altamente habilitada digitalmente y activa en numerosas plataformas de redes sociales. Doe invirtió significativamente en mejorar la presencia digital de X-Brand, desde renovar el sitio web para evolucionar con el paradigma de diseño contemporáneo hasta el lanzamiento de aplicaciones móviles.

Reforzó aún más la presencia de X-Brand en las redes sociales de una manera innovadora aprovechando el marketing de influencers. Sus estrategias priorizaron el compromiso con la marca sobre el contenido promocional descarado, enfocándose en la creación de experiencias digitales que resonaran en los consumidores objetivo.

Resultados y estrategias de futuro

La alineación estratégica de Doe, la toma de decisiones basada en datos y el enfoque digital transformaron el panorama de marketing de X-Brand. Sus estrategias de marketing únicas condujeron a un aumento del 35 % en el alcance del mercado y a una frecuencia significativa de interacciones con grupos demográficos más jóvenes.

Además, Doe continúa alineando sus estrategias futuras con las tendencias de marketing emergentes, en particular la creciente importancia de las tecnologías inmersivas como la realidad aumentada (AR) y la realidad virtual (VR) para experiencias de marketing centradas en el usuario. Este enfoque con visión de futuro la mantiene a la vanguardia del marketing moderno, distinguiéndola como una CMO ágil y proactiva.

El caso de Jane Doe como CMO de X-Brand demuestra el papel crucial que desempeña un CMO de alto rendimiento en la redefinición del posicionamiento estratégico de una marca. Su éxito se debió en gran medida a su capacidad para alinear los objetivos de marketing con la visión corporativa más amplia, tomar decisiones basadas en datos e implementar un enfoque digital. La trayectoria de Doe significa que un CMO de alto rendimiento debe ser a la vez un estratega visionario y un táctico pragmático experto en dirigir la marca a través de un mercado global en rápida evolución.

X. Conclusión: Tendencias futuras y desafíos para los CMO

El panorama de la próxima dinámica del CMO digital

Al entrar en una nueva era de tecnología digital y comportamiento del consumidor, el papel del director de marketing (CMO) evoluciona constantemente. El futuro abre nuevos horizontes, mayores responsabilidades y desafíos para los que todo CMO con visión de futuro debe prepararse.

Digitalización acelerada

La transformación hacia lo digital ya no es una tendencia; es la realidad la que constituye la base sobre la que deben operar los CMO. Ser un CMO de alto rendimiento en el futuro dependerá en gran medida de la adopción de la tecnología digital. Esto cubre un amplio espectro que va desde la Inteligencia Artificial (IA) y Big Data hasta la automatización y la publicidad programática, etc. En un mundo donde la mayoría de las interacciones con los clientes se producirán digitalmente, la orientación digital es crucial para los CMO.

Toma de decisiones basada en datos

Con la creciente avalancha de datos, los CMO de alto rendimiento dependerán en gran medida de su capacidad para extraer ideas significativas de montones de información. Esto significa dominar el análisis a través de sofisticadas herramientas y técnicas de precisión que convierten los datos sin procesar en valiosa inteligencia empresarial. Más que simplemente comprender la información, es más importante interpretarla y aplicarla para un uso estratégico.

Personalización y experiencia del cliente

El consumidor actual exige experiencias personalizadas y fluidas, y esas demandas no harán más que intensificarse. En consecuencia, los CMO deben llevar las estrategias de experiencia del cliente al siguiente nivel. El alto rendimiento coincidirá con la capacidad de un CMO para crear campañas hiperpersonalizadas que hablen directamente de las necesidades, preferencias y comportamientos individuales de los consumidores.

Navegando la complejidad y el cambio

En una era de creciente complejidad del mercado y cambios incesantes, una mentalidad versátil y adaptable es fundamental. Los CMO de alto rendimiento deberán navegar de manera eficiente a través de numerosas tendencias, cambios e interrupciones. Esto presupone una mentalidad de aprendizaje continuo y la capacidad de reinventar estrategias y adaptarse frente al cambio, ya sea global, de mercado, industrial o específico de una organización.

Papel reforzado más allá del marketing

El alcance de la función del CMO se está ampliando y trasciende las fronteras tradicionales. Hoy en día, los CMO deben tener competencias en crecimiento empresarial, innovación, servicio al cliente e incluso aspectos de las operaciones. El CMO de alto rendimiento del futuro será un líder empresarial integral, capaz de contribuir al éxito organizacional general.

Enfatizando la sostenibilidad

El cliente moderno es cada vez más consciente de las prácticas de sostenibilidad de las marcas para participar. Por lo tanto, los CMO necesitarán desarrollar estrategias de marketing que enfaticen su compromiso con la sostenibilidad. Los CMO de alto rendimiento iniciarán e implementarán iniciativas de sostenibilidad impactantes, incorporarán eficazmente la sostenibilidad en las narrativas de sus marcas y la comunicarán tanto interna como externamente.

Se avecinan tiempos emocionantes, aunque desafiantes, para los CMO. Para convertirse en un CMO de alto rendimiento, es importante comprender el panorama cambiante, aprender continuamente y adaptarse progresivamente. Embarcarse en este viaje dinámico requerirá que los CMO exploren diferentes caminos y estrategias. Sin embargo, al mismo tiempo, tenga en cuenta que la clave para un alto rendimiento radica en dominar los fundamentos: las necesidades del cliente, una comunicación clara y mantener la alineación organizacional en torno a la marca y la estrategia.

De hecho, el contexto del rol del director de marketing está cambiando rápidamente. Sin embargo, armados con las métricas correctas, la capacidad de progresar por caminos innovadores y la voluntad de adoptar nuevas estrategias, los CMO pueden afrontar eficientemente los desafíos actuales mientras miran hacia la promesa de una nueva era en marketing.

Perspectivas sobre el futuro del CMO de alto rendimiento

A medida que hemos recorrido los intrincados caminos para convertirnos en un CMO de alto rendimiento, es esencial mirar hacia horizontes aún inexplorados: las tendencias y desafíos futuros que pueden moldear el papel del CMO. ¿Cómo evolucionará su posición? ¿Qué nuevas métricas pueden surgir y qué estrategias impulsarán la eficacia en un panorama empresarial en constante metamorfosis?

El surgimiento de estrategias basadas en datos

Sin duda, los datos han cambiado las reglas del juego para muchas industrias durante la última década, y su influencia en la estrategia de marketing no es una excepción. El CMO de alto rendimiento del mañana necesitará estar más basado en datos que nunca.

Se esperará que no sólo comprendan cómo recopilar y limpiar los conjuntos de datos apropiados, sino también cómo analizarlos de manera significativa. Se trata de algo más que entender los números; se trata de obtener de ellos los conocimientos adecuados para fundamentar las decisiones.

La creciente importancia de la experiencia del cliente

La experiencia del cliente (CX) está preparada para ocupar un lugar central en la formulación de estrategias comerciales, y los CMO estarán a la cabeza. Los CMO del mañana deberán defender una experiencia de cliente integrada y consistente en todos los puntos de contacto. La gestión eficaz de la experiencia del cliente requiere una visión holística del recorrido del cliente y una empatía genuina por las perspectivas del cliente.

Metodologías ágiles y Growth Hacking

A medida que se acelera la transformación digital, se espera que los equipos de marketing se muevan de manera más rápida y adaptable. Las metodologías ágiles cobrarán más importancia en la estrategia de marketing. En consecuencia, los CMO de alto rendimiento deberán alentar a sus equipos a adoptar enfoques más flexibles e iterativos que permitan una retroalimentación inmediata y una rápida corrección del rumbo. En consonancia con esto, los métodos de pirateo del crecimiento, en los que la rápida experimentación en todos los canales de marketing y el desarrollo de productos es clave, también serán una estrategia importante para los CMO de alto rendimiento.

La convergencia del marketing y la tecnología

El entrelazamiento del marketing y la tecnología continúa sin cesar. Con la creciente evolución de tecnologías como la IA, el aprendizaje automático, la cadena de bloques y la realidad virtual y la realidad aumentada, el CMO de alto rendimiento del mañana debe estar bien versado en la utilización de estas tecnologías. Estas plataformas ofrecen nuevas formas de conectarse con los clientes, complementar los datos de los clientes y brindar una personalización incomparable en la mensajería.

El desafío de la personalización a escala

Si bien la personalización siempre ha estado en el centro de un marketing eficaz, surgen nuevos desafíos cuando se trata de ampliar estos esfuerzos. A medida que crece el número de puntos de contacto con los clientes y el volumen de datos de los mismos, también aumenta la complejidad de brindar experiencias personalizadas.

Consideraciones éticas en marketing

Las leyes de privacidad emergentes, junto con una creciente demanda de transparencia por parte de los consumidores, obligarán a los CMO a considerar las implicaciones éticas de sus esfuerzos de marketing. Las multas por violación de las leyes de privacidad pueden ser elevadas y el daño a la reputación puede ser aún más significativo. El CMO de alto rendimiento del futuro debe equilibrar estrategias de marketing agresivas con directrices éticas claras.

La esencia inquebrantable del marketing exitoso sigue estando arraigada en comprender a los clientes y ofrecer valor de manera constante. Este núcleo permanece sin cambios. Pero las tendencias y desafíos que lo acompañan significan que los caminos, métricas y estrategias que los CMO utilizarán para alcanzar este objetivo están preparados para una evolución constante. Para emerger como líderes de alto rendimiento en este espacio, deberán mantenerse alerta, adaptables e informados con una mentalidad de dar prioridad al cliente incorporada en su modus operandi.

Implicaciones de los avances tecnológicos y la evolución del comportamiento del consumidor

En el panorama empresarial en constante cambio, los CMO se enfrentan a una gran cantidad de tendencias y desafíos formidables. Muchos de estos se ven amplificados por los avances tecnológicos, la creciente competencia en el mercado y la rápida evolución del comportamiento del consumidor, lo que plantea interrogantes sobre la preparación individual y organizacional para enfrentar estas tendencias de frente.

Una tendencia clave es la creciente dependencia del aprendizaje automático y la inteligencia artificial. La IA ha facilitado la introducción de numerosas herramientas nuevas para la segmentación personalizada de consumidores y análisis predictivos. Un informe publicado por Gartner reveló que el 87% de los altos directivos empresariales identifican la IA como una prioridad. Los avances en inteligencia artificial y aprendizaje automático ofrecen innumerables posibilidades para mejorar las funciones de marketing, como marketing personalizado, publicidad programática, algoritmos de aprendizaje profundo para la segmentación de clientes, planificación de ventas predictiva y un mejor servicio al cliente a través de chatbots. A pesar de estas oportunidades, la gestión de la tecnología, las limitaciones presupuestarias y las consideraciones de privacidad de los datos plantean desafíos importantes para los CMO.

Otra tendencia predominante es la creciente influencia de las plataformas de redes sociales en el proceso de toma de decisiones de compra. Esta influencia se ha manifestado en forma de marketing de influencers, UGC (contenido generado por el usuario), IGTV (Instagram TV), comercio electrónico en vivo y publicaciones de compra que han alterado drásticamente el espacio digital y definido nuevas vías de marketing. El auge del comercio social, especialmente desde plataformas como Instagram, TikTok y Facebook, instará a los CMO a reconsiderar y reestructurar sus estrategias de marketing.

Además, el énfasis en la toma de decisiones basada en datos y en las métricas de desempeño es cada vez más prominente. Se espera que los CMO sean más responsables, demuestren el retorno de la inversión (ROI) de sus actividades y vinculen el desempeño del marketing directamente con los resultados comerciales. Con un mayor enfoque en las métricas, también se espera que evolucionen la automatización del marketing y los sistemas CRM. La incorporación de tecnologías como paneles digitales y seguimiento en tiempo real en estos sistemas podría proporcionar a los CMO los conocimientos de datos necesarios para afrontar estas nuevas expectativas de rendición de cuentas.

Además, un mayor énfasis en el ciclo de vida del cliente exige un enfoque integrado. Centrarse en el cliente ya no es algo "agradable", sino que ahora es un requisito fundamental. Esto requiere la fusión de todos los puntos de datos clave específicos del cliente de varias fuentes en una sola vista para obtener una perspectiva unificada del cliente, también llamada "vista del cliente de 360 grados". Con este enfoque holístico, los CMO pueden optimizar la experiencia del cliente en cada punto de contacto, generando potencialmente una mayor lealtad del cliente y aumentando el CLTV (valor de vida del cliente).

Por último, hay un cambio evidente de la cantidad a la calidad. La demanda de contenido altamente personalizado, atractivo y de valor agregado está creciendo rápidamente. Los CMO deben centrarse en gran medida en la creación de contenidos que resuenen con el público objetivo, en lugar de bombardear a los consumidores con anuncios irrelevantes, para fortalecer eficazmente las relaciones y cultivar la lealtad a la marca.

En conclusión, los CMO enfrentan una serie de tendencias y desafíos por delante. Equipados con una comprensión de estas tendencias y las estrategias correspondientes para abordarlas, los CMO de alto rendimiento pueden continuar haciendo contribuciones significativas para impulsar el crecimiento de sus empresas y seguir siendo competitivos en el panorama empresarial acelerado y en constante cambio.

CMO de próxima generación: guiando la evolución del liderazgo en marketing

En los próximos años, varias tendencias y desafíos clave moldearán el panorama para los CMO. Estas fuerzas redefinirán el papel, las responsabilidades y las expectativas puestas en estos ejecutivos de marketing y también les presentarán nuevas oportunidades para impulsar un valor excepcional dentro de sus organizaciones.

En primer lugar, una tendencia importante que cualquier CMO del futuro deberá adoptar es la llegada de la tecnología en constante evolución. A medida que continúa la revolución de la transformación digital, los CMO deberán estar a la vanguardia de la integración y el aprovechamiento de la IA, el aprendizaje automático, la automatización y el análisis de datos. Los CMO necesitarán impulsar estas tecnologías para proporcionar estrategias de marketing personalizadas y centradas en el cliente que eliminen el ruido y capten la atención de los clientes en los mercados digitales cada vez más concurridos. Poseer una sólida comprensión de la tecnología y las plataformas digitales resultará fundamental en este contexto.

En segundo lugar, los especialistas en marketing siempre han necesitado comprender bien a sus clientes. En la era hiperconectada actual, la comprensión va más allá de la simple demografía. Los CMO modernos necesitarán descifrar el comportamiento del cliente en todos los puntos de contacto y desarrollar recorridos que se alineen con sus preferencias y lealtades en constante cambio. Tendrán que lidiar con un mayor énfasis en la privacidad del cliente, lo que requerirá nuevas formas de recopilar y utilizar éticamente los datos de los clientes.

Las métricas también seguirán evolucionando. Si bien tradicionalmente los CMO han sido evaluados en función de métricas de crecimiento de primera línea (es decir, ingresos y participación de mercado), cada vez más las organizaciones se centran en métricas de salud y rentabilidad a largo plazo. Métricas como el valor de vida del cliente y el valor de la marca pueden comenzar a desempeñar un papel más importante en la evaluación del desempeño de un CMO. Estas métricas de la nueva era exigen un enfoque a más largo plazo y una alineación organizacional más amplia.

Los CMO también tendrán que adaptarse a una era de cambios continuos, donde los modelos de negocio y las tecnologías disruptivas pueden alterar rápidamente las estrategias de marketing establecidas. Tendrán que gestionarse en un entorno de incertidumbre, poner a prueba continuamente nuevos enfoques, aprender rápidamente de sus éxitos y fracasos y adaptar rápidamente sus estrategias.

El papel cambiante del CMO también conlleva responsabilidades interfuncionales más amplias. Los colegas de toda la organización (desde servicio al cliente hasta TI, desde ventas hasta recursos humanos) buscarán en el CMO un liderazgo estratégico. Como resultado, los CMO de alto rendimiento del futuro deberán ser expertos en impulsar la alineación y fomentar la colaboración entre funciones.

Para afrontar estos desafíos y capitalizar estas tendencias, los futuros CMO de alto rendimiento deberán cultivar una mentalidad de aprendizaje continuo. Deberán actualizar periódicamente sus habilidades, comprender las nuevas tendencias de la industria y los comportamientos de los clientes, y estar dispuestos a cuestionar las formas tradicionales de hacer negocios.

En conclusión, la creciente complejidad y las crecientes demandas sin duda aumentarán los desafíos que enfrentarán las futuras OGC. Pero esto también abre oportunidades sin precedentes para reimaginar el marketing, redefinir su propuesta de valor e impulsar un desempeño innovador. Al tomar decisiones estratégicas sobre dónde jugar y cómo ganar y al desarrollar las capacidades organizativas necesarias para el panorama de marketing de hoy y del mañana, el CMO de próxima generación puede guiar de manera asertiva la evolución del liderazgo en marketing.

Subsección: Abrazar el futuro: estrategias y caminos para los CMO de alto rendimiento

El papel de un director de marketing (CMO) continúa evolucionando junto con los panoramas cambiantes de diversas industrias, provocados por las progresiones tecnológicas y los cambios en los comportamientos de los consumidores. Como hemos repetido a lo largo de este libro, ser un CMO de alto rendimiento requiere la capacidad de adaptarse, innovar y liderar en medio de estos cambios constantes. Esta discusión culmina con un vistazo a las tendencias futuras y la definición de los desafíos que se presentan, y cómo los CMO deben superarlos para mantenerse a la vanguardia de la curva competitiva.

1. Proliferación de adaptaciones tecnológicas

El camino para convertirse en un CMO de alto rendimiento está incompleto sin aprovechar el poder de la tecnología. Desde la expectativa de una mayor personalización a través de la IA, la creciente importancia del análisis de datos hasta un cambio hacia la AR y la VR en las experiencias digitales de los clientes, numerosas tendencias tecnológicas asoman en el horizonte.

Sin embargo, a medida que aprovechamos el poder de estas tecnologías, tenemos que abordar los desafíos de integrarlas en las infraestructuras existentes, las preocupaciones sobre la seguridad de los datos y asegurarnos de que los equipos de marketing estén equipados con las habilidades para administrar estas herramientas. Un CMO debe seguir buscando oportunidades de aprendizaje y desarrollo, experimentando con nuevas tecnologías de marketing y demostrando flexibilidad y resiliencia al cambio.

2. Experiencia del cliente y personalización

En pocas palabras: el futuro del marketing es personal. Los consumidores desean cada vez más, e incluso esperan, experiencias hiperpersonalizadas. Un CMO de alto rendimiento debe comprender esto y esforzarse por crear recorridos de cliente significativos e individualizados. Emplear métricas de la experiencia del cliente para medir la satisfacción y la lealtad será un factor crítico para comprender las necesidades de los clientes y satisfacerlas con estrategias personalizadas.

Sin embargo, existe una delgada línea entre personalización e intrusión. El desafío radica en hacer malabarismos entre las regulaciones de privacidad de datos y la recopilación de datos para generar contenido verdaderamente personalizado sin violar las normas de confianza.

3. Importancia de la cultura empresarial

Crear una cultura empresarial inclusiva y solidaria ya no es responsabilidad exclusiva de RR.HH. Cada vez más, los CMO desempeñan un papel integral en la creación de la cultura de una empresa. Un CMO de alto rendimiento debe canalizar la conexión entre la cultura y el cliente, fomentando una marca que resuene tanto con su audiencia como con sus empleados.

Sin embargo, en ocasiones, los desafíos potenciales pueden incluir superar la resistencia al cambio, navegar la política organizacional y alinear a todos los miembros del equipo con la transformación de la cultura.

4. Marketing sostenible y ético

A medida que los consumidores se vuelvan más conscientes de la huella ambiental y las prácticas éticas de las empresas, la marca basada en un propósito se convertirá en una tendencia futura. Operar éticamente y demostrar responsabilidad social corporativa será vital.

Si bien cuestiones como la transparencia, las complejidades de la cadena de suministro y las acusaciones de lavado verde pueden plantear desafíos potenciales, pueden abordarse equilibrando la obtención de ganancias con el propósito, las prácticas justas y las defensas públicas.

5. Adoptar la agilidad y la flexibilidad

El futuro es impredecible y la reciente pandemia mundial no ha hecho más que enfatizarlo más que nunca. La adaptabilidad, la agilidad y la resiliencia serán atributos clave de un CMO de alto rendimiento y preparado para el futuro.

Pueden surgir desafíos imprevistos de repente y, para ello, los CMO deben cultivar un enfoque proactivo y flexible que les permita girar cuando sea necesario, manteniendo siempre el enfoque en el panorama general.

Ser un CMO competente no es fácil, pero adoptar estas tendencias futuras y superar los desafíos correspondientes con perseverancia y una estrategia con visión de futuro puede asegurar un camino hacia el alto rendimiento. El futuro del marketing puede ser complejo, pero las oportunidades que presenta son abundantes y el potencial de crecimiento es incalculable.

Derechos de autor y exenciones de responsabilidad de contenido:

Descargo de responsabilidad sobre contenido asistido por IA:
El contenido de este libro se generó con la ayuda de modelos de lenguaje de inteligencia artificial (IA) como CHatGPT y Llama. Si bien se han realizado esfuerzos para garantizar la precisión y relevancia de la información provista, el autor y el editor no ofrecen garantías con respecto a la integridad, confiabilidad o idoneidad del contenido para un propósito específico. El contenido generado por IA puede contener errores, inexactitudes o información desactualizada, y los lectores deben tener cuidado y verificar de forma independiente cualquier información antes de confiar en ella. El autor y el editor no se hacen responsables de las consecuencias que surjan del uso o la confianza en el contenido generado por IA en este libro.

Descargo de responsabilidad general:
Utilizamos herramientas de generación de contenido para crear este libro y obtenemos una gran cantidad de material de herramientas de generación de texto. Ponemos a disposición material y datos financieros a través de nuestros Servicios. Para ello, nos basamos en una variedad de fuentes para recopilar esta información. Creemos que se trata de fuentes confiables, creíbles y precisas. Sin embargo, puede haber ocasiones en las que la información sea incorrecta.
NO HACEMOS RECLAMACIONES NI DECLARACIONES EN CUANTO A LA EXACTITUD, INTEGRIDAD O VERDAD DE NINGÚN MATERIAL CONTENIDO EN NUESTRO libro. TAMPOCO SEREMOS RESPONSABLES DE CUALQUIER ERROR, INEXACTITUD U OMISIÓN, Y RENUNCIAMOS ESPECÍFICAMENTE CUALQUIER GARANTÍA IMPLÍCITA O COMERCIABILIDAD O IDONEIDAD PARA CUALQUIER FIN EN

Además de lo anterior, es importante tener en cuenta que los modelos de lenguaje como ChatGPT se basan en técnicas de aprendizaje profundo y se han entrenado en grandes cantidades de datos de texto para generar texto similar al humano. Estos datos de texto incluyen una variedad de fuentes, como libros, artículos, sitios web y mucho más. Este proceso de entrenamiento permite que el modelo aprenda patrones y relaciones dentro del texto y genere resultados que sean coherentes y contextualmente apropiados.

Los modelos de idioma como ChatGPT se pueden usar en una variedad de aplicaciones, que incluyen, entre otras, servicio al cliente, creación de contenido y traducción de idiomas. En el servicio de atención al cliente, por ejemplo, los modelos lingüísticos se pueden utilizar para responder a las consultas de los clientes de forma rápida y precisa, lo que libera a los agentes humanos para que se encarguen de tareas más complejas. En la creación de contenido, se pueden utilizar modelos de lenguaje para generar artículos, resúmenes y subtítulos, lo que ahorra tiempo y esfuerzo a los creadores de contenido. En la traducción de idiomas, los modelos de idiomas pueden ayudar a traducir texto de un idioma a otro con gran precisión, lo que ayuda a romper las barreras del idioma.

Sin embargo, es importante tener en cuenta que, si bien los modelos de lenguaje han logrado grandes avances en la generación de texto similar al humano, no son perfectos. Todavía existen limitaciones en la comprensión del contexto y el significado del texto por parte del modelo, y puede generar resultados incorrectos u ofensivos. Como tal, es importante utilizar los modelos de lenguaje con precaución y verificar siempre la precisión de los resultados generados por el modelo.

Descargo de responsabilidad financiera

Este libro está dedicado a ayudarlo a comprender el mundo de las inversiones en línea, eliminar cualquier temor que pueda tener sobre cómo comenzar y ayudarlo a elegir buenas inversiones. Nuestro objetivo es ayudarlo a tomar el control de su bienestar financiero al brindarle una sólida educación financiera y estrategias de inversión responsable. Sin embargo, la información contenida en este libro y en nuestros servicios es solo para fines educativos y de información general. No pretende sustituir el asesoramiento legal, comercial y/o financiero de un profesional con licencia. El negocio de la inversión en línea es un asunto complicado que requiere una diligencia debida financiera seria para cada inversión a fin de tener éxito. Le recomendamos enfáticamente que busque los servicios de profesionales calificados y competentes antes de realizar cualquier inversión que pueda afectar sus finanzas. Esta información se proporciona en este libro, incluida la forma en que se hizo, denominados colectivamente como los "Servicios".

Tenga cuidado con su dinero. Utilice únicamente estrategias con las que ambos comprendan los riesgos potenciales y se sientan cómodos con ellas. Es su responsabilidad invertir sabiamente y salvaguardar su información personal y financiera.

Creemos que tenemos una gran comunidad de inversores que buscan lograr y ayudarse mutuamente a lograr el éxito financiero a través de la inversión. En consecuencia, animamos a la gente a comentar en nuestro blog y posiblemente en el futuro en nuestro foro. Muchas personas contribuirán en este asunto, sin embargo, habrá ocasiones en las que las personas proporcionen información engañosa, engañosa o incorrecta, sin querer o de otra manera.

NUNCA debe confiar en la información u opiniones que lea en este libro, o cualquier libro al que podamos vincularnos. La información que lea aquí y en nuestros servicios debe usarse como punto de partida para su PROPIA INVESTIGACIÓN en varias empresas y estrategias de inversión para que pueda tomar una decisión informada sobre dónde y cómo invertir su dinero.

NO GARANTIZAMOS LA VERACIDAD, CONFIABILIDAD O INTEGRIDAD DE CUALQUIER INFORMACIÓN PROPORCIONADA EN LOS COMENTARIOS, FORO U OTRAS ÁREAS PÚBLICAS DEL libro O EN CUALQUIER HIPERVÍNCULO QUE APARECE EN NUESTRO libro.

Nuestros Servicios se brindan para ayudarlo a comprender cómo tomar buenas decisiones financieras personales y de inversión. Usted es el único responsable de las decisiones de inversión que tome. No seremos responsables de ningún error u omisión en el libro, incluidos artículos o publicaciones, de hipervínculos incrustados en mensajes o de cualquier resultado obtenido del uso de dicha información. Tampoco seremos responsables de ninguna pérdida o daño, incluidos los daños emergentes, si los hubiera, causados por la confianza del lector en cualquier información obtenida mediante el uso de nuestros Servicios. Por favor, no utilice nuestro libro si no acepta la responsabilidad propia de sus acciones.

La Comisión de Bolsa y Valores de EE. UU. (SEC) ha publicado información adicional sobre el ciberfraude para ayudarle a reconocerlo y combatirlo de manera efectiva. También puede obtener ayuda adicional sobre los esquemas de inversión en línea y cómo evitarlos en los siguientes libros: http://www.sec.gov, http://www.finra.org y http://www.nasaa.org. Cada una de estas son organizaciones creadas para ayudar a proteger a los inversores en línea.

Si elige ignorar nuestros consejos y no realizar una investigación independiente de las diversas industrias, empresas y acciones, tiene la intención de invertir y confiar únicamente en la información, los "consejos" y las opiniones que se encuentran en nuestro libro; acepta que ha hecho una decisión consciente y personal de su propia voluntad y no intentará hacernos responsables de los resultados de la misma bajo ninguna circunstancia. Los Servicios ofrecidos en este documento no tienen como objetivo actuar como su asesor de inversiones personal. No conocemos todos los datos relevantes sobre usted y/o sus necesidades individuales, y no declaramos ni afirmamos que ninguno de nuestros Servicios sea adecuado para sus necesidades. Debe buscar un asesor de inversiones registrado si busca asesoramiento personalizado.

Enlaces a otros sitios. También podrá vincular otros libros de vez en cuando a través de nuestro Sitio. No tenemos ningún control sobre el contenido o las acciones de los libros a los que enlazamos y no seremos responsables de nada que ocurra en relación con el uso de dichos libros. La inclusión de cualquier enlace, a menos que se indique expresamente lo contrario, no debe verse como un respaldo o recomendación de ese libro o las opiniones expresadas en él. Usted, y sólo usted, es responsable de realizar su propia diligencia debida en cualquier libro antes de hacer cualquier negocio con ellos.

Exenciones de responsabilidad y limitaciones: bajo ninguna circunstancia, incluida, entre otras, la negligencia, nosotros, nuestros socios, si los hubiere, o cualquiera de nuestras afiliadas, seremos responsables, directa o indirectamente, de cualquier pérdida o daño, que surja de, o en relación con, el uso de nuestros Servicios, incluidos, entre otros, daños directos, indirectos, consecuentes, inesperados, especiales, ejemplares u otros que puedan resultar, incluidos, entre otros, pérdidas económicas, lesiones, enfermedades o muerte o cualquier otro tipo de pérdida o daño, o reacciones inesperadas o adversas a las sugerencias contenidas en este documento o que de otro modo le hayan sido causadas o supuestamente le hayan sido causadas en relación con el uso de cualquier consejo, bien o servicio que reciba en el Sitio, independientemente de la fuente, o cualquier otro libro que haya visitado a través de enlaces de nuestro libro, incluso si se le advierte de la posibilidad de tales daños.

Es posible que la ley aplicable no permita la limitación o exclusión de responsabilidad o daños incidentales o consecuentes (incluidos, entre otros, la pérdida de datos), por lo que es posible que la limitación o exclusión anterior no se aplique a usted. Sin embargo, en ningún caso nuestra responsabilidad total hacia usted por todos los daños, pérdidas y causas de acción (ya sea por contrato, agravio o de otro tipo) excederá el monto que usted nos pagó, si corresponde, por el uso de nuestro Servicios, si los hubiere. Y al utilizar nuestro Sitio, usted acepta expresamente no intentar responsabilizarnos por las consecuencias que resulten de su uso de nuestros Servicios o de la información proporcionada en ellos, en cualquier momento o por cualquier motivo, independientemente de las circunstancias.

Descargo de responsabilidad de resultados específicos. Estamos dedicados a ayudarlo a tomar el control de su bienestar financiero a través de la educación y la inversión. Brindamos estrategias, opiniones, recursos y otros Servicios que están diseñados específicamente para reducir el ruido y la exageración para ayudarlo a tomar mejores decisiones de inversión y finanzas personales. Sin embargo, no hay forma de garantizar que ninguna estrategia o técnica sea 100% efectiva, ya que los resultados variarán según el individuo y el esfuerzo y compromiso que haga para lograr su objetivo. Y, lamentablemente, no te conocemos. Por lo tanto, al usar y/o comprar nuestros servicios, usted acepta expresamente que los resultados que recibe del uso de esos Servicios dependen únicamente de usted. Además, también acepta expresamente que todos los riesgos de uso y cualquier consecuencia de dicho uso correrán a cargo exclusivamente de usted. Y que no intentará responsabilizarnos en ningún momento ni por ningún motivo, independientemente de las circunstancias.

Según lo estipulado por la ley, no podemos ni ofrecemos ninguna garantía sobre su capacidad para lograr resultados particulares mediante el uso de cualquier Servicio adquirido a través de nuestro libro. Nada en esta página, nuestro libro o cualquiera de nuestros servicios es una promesa o garantía de resultados, incluido el hecho de que ganará una determinada cantidad de dinero o, cualquier dinero, también comprende que todas las inversiones conllevan algún riesgo y en realidad puede perder dinero mientras invierte. En consecuencia, todos los resultados indicados en nuestro libro, en forma de testimonios, estudios de casos o de otro modo, son ilustrativos de conceptos únicamente y no deben considerarse resultados promedio ni promesas de desempeño real o futuro.

lectores obtengan resultados similares. El éxito individual en el comercio depende de varios factores, incluida la situación financiera personal, la tolerancia al riesgo y la capacidad de aplicar consistentemente las estrategias y técnicas discutidas.
Aviso de derechos de autor: Todos los derechos reservados. Ninguna parte de esta publicación puede reproducirse, distribuirse o transmitirse de ninguna forma ni por ningún medio, incluidas fotocopias, grabaciones u otros métodos electrónicos o mecánicos, sin el permiso previo por escrito del editor, excepto en el caso de citas breves incorporadas. en revisiones críticas y ciertos otros usos no comerciales permitidos por la ley de derechos de autor.
Marcas comerciales: todos los nombres de productos, logotipos y marcas mencionados en este libro son propiedad de sus respectivos dueños. El uso de estos nombres, logotipos y marcas no implica respaldo ni afiliación con sus respectivos propietarios.